L. M. GATTO

DIALOGUES
FOR PRACTICE IN
IDIOMATIC ITALIAN

DIALOGUES
FOR PRACTICE IN
IDIOMATIC ITALIAN

GIULIANA SANGUINETTI KATZ

UNIVERSITY OF TORONTO PRESS
TORONTO BUFFALO LONDON

© University of Toronto Press 1988

Toronto Buffalo London

Printed in Canada

ISBN 0-8020-6670-4

Canadian Cataloguing in Publication Data

Katz, Giuliana, 1938-
    Dialogues for practice in idiomatic Italian

    ISBN 0-8020-6670-4

    1. Dialogues, Italian. 2. Dialogues, Italian -
    Problems, exercises, etc. 3. Italian language -
    Text-books for second language learners - English
    speakers.* 4. Italian language - Spoken Italian.
    I. Title.

    PC1129.E5K38 1988   458.3'421   C87-095333-8

INDICE

ACKNOWLEDGEMENTS

Special thanks are extended to the teachers who taught French in the Summer Language Institute at Scarborough College, University of Toronto, for the help and encouragement they gave me as I was writing these dialogues.

I am particularly grateful to Professors Louis Mignault, Claude Evans, Christine Besnard and Alain Thomas for allowing me to audit their summer courses and for giving me many ideas on the form and content of the dialogues.

Final thanks to my husband, Bob, who assisted me with my English text, to Professor Salvatore Bancheri, who read the Italian text, and to Mrs. Julie Waters who typed the final version.

PRIMO DIALOGO
UN DON GIOVANNI IN GIRO PER LA CITTÀ

I. 1

Capelli tagliati a spazzola: crew cut/brush cut hair.

Un incorreggibile Don Giovanni: an incurable Don Juan, a man who seduces one woman after another, like the hero of the famous opera by Mozart.

Ha molto successo colle ragazze: he is very successful with girls, he conquers them easily. Common expressions are "avere successo in qualche cosa... (negli esami, nel lavoro, negli affari ecc...)" and "riportare, riscuotere successo in qualche cosa, con qualche cosa (in quel film, con quel libro ecc...)."

Non ha molta voglia di studiare: he does not feel much like studying, he is not eager to study
"Avere voglia di" with infinitive: to feel like doing something.
Ex.: Ho voglia di mangiare, di bere ecc... .

Non ha ancora dato nessun esame: he has not yet taken any examination.
"Dare un esame di matematica, italiano, economia ecc."

Indossa un abito a doppiopetto: he wears a double-breasted suit (with two rows of buttons on the front of the jacket).

Panciotto: waistcoat.

Orologio a cipolla: humorous expression to indicate the old-fashioned watches as large as an onion, which men used to wear in their pocket.

Bisnonno: great-grandfather;
   nonno: grandfather;
   padre: father;
   zio: uncle;
   nipote: nephew, grandchild;
   cognato: brother-in-law;
   suocero: father-in-law;
   genero: son-in-law;
   nuora: daughter-in-law; ecc...

Alla Marilyn Monroe: like M.M.
   "Alla" followed by a name means "in the fashion of..., like".
   Ex.: Porta i capelli alla Marlon Brando.
   With this meaning we have also "alla" followed by a feminine adjective of nationality or place. Ex.: all'italiana, all'americana, alla greca (in Italian fashion, in American fashion, in Greek fashion). Ex.: Mi piace mangiare all'italiana, Luigi invece preferisce mangiare all'americana.

Un completo: (for women) co-ordinates (matching blouse, skirt, jacket); (for men) a suit.

Personaggi:

Renata – una bambina di cinque anni, col vestitino di organdis rosa e le
  trecce castane.

Paolo – un bambino di sei anni, coi capelli rossi tagliati a spazzola e le
  lentiggini, è vestito con i pantaloncini corti e una maglietta a righe.

Carlo Pesce – ragazzo di vent'anni, alto, bruno,
  cogli occhi neri e i capelli scuri e ricciuti.
  È un incorreggibile Don Giovanni
  e ha molto successo colle ragazze.
  È studente in lettere all'università
  ma non ha molta voglia di studiare
  e non ha ancora dato nessun esame.
  Indossa un elegante abito grigio a doppiopetto
  e nella tasca del panciotto tiene l'orologio a cipolla del bisnonno
  ornato di una bella catena d'oro.

Carolyne Addams – ragazza canadese di diciotto anni.
  È alta, bionda cogli occhi azzurri
  e una figura provocante alla Marilyn Monroe.
  Indossa un completo di gonna e camicetta
  in jersey di seta bianca con una giacca rossa.

I capelli lunghi e dritti con la frangetta: long straight hair with bangs.

Pensa a studiare e a far carriera: she concentrates on studying and on making a career for herself.
Pensare a far qualcosa: to concentrate on doing something.
Pensare di far qualcosa: to plan to do something. Ex. Penso di studiare e di fare carriera: I intend to study and to make a career for myself.
Pensare a qualcuno: to think of someone. Ex. Penso a Carlo: I think of/about Charles.

Ha vent'anni: he is twenty years old. Or "È un ragazzo di vent'anni". He is a twenty year old man.

Ha l'aria di essere una persona seria: he looks like a serious person.
"Avere l'aria di" with infinitive: to look as if.
Ex. Ha l'aria di non capire niente: he looks as if he did not understand anything.
But "avere un'aria triste, preoccupata, allegra, ecc.": to have a sad, worried, cheerful look.

Veste all'ultima moda: she dresses in the latest fashion.

Con molte pretese: with pretentiousness. Pretesa: claim, demand, sometimes excessive. "Avere la pretesa di" plus infinitive: to claim to. Ex. Ha la pretesa di sapere tutto: he claims that he knows everything.
È una persona di molte pretese: he/she is a very demanding person, difficult to please.
È una persona di poche pretese: he/she has modest demands, an easy going person, easy to please.

A mala pena: with difficulty.

Si dà un'aria di grande importanza: he gives himself an air of great importance.
Si dà delle arie: he puts on airs.

Abito a quadretti: chequered suit/dress.

Cravatta sgargiante: gaudy/showy tie.

Scarpe coi tacchi rialzati: elevated shoes (lit. shoes with elevated heels).

Porta i capelli lunghi e dritti con la frangetta.

È sempre circondata da molti ammiratori,

ma è una ragazza seria

e pensa a studiare e a far carriera.

Pippo Rossi — amico di Carlo.

Anche lui ha vent'anni

ed è studente in economia all'università.

È piccolo, biondo, mingherlino,

porta gli occhiali

e ha l'aria di essere una persona seria.

Indossa i blu jeans con una maglia sportiva.

la signora Bolla — alta, ossuta, di mezza età.

Veste all'ultima moda e con molte pretese.

Indossa un tailleur di lino rosa

e in testa porta un turbante di seta viola

che nasconde a mala pena i suoi capelli radi e stopposi.

il dottor Merlini — ometto anziano, rotondetto e calvo

che si dà un'aria di grande importanza.

Indossa un abito a quadretti con una sgargiante cravatta rossa

e porta le scarpe coi tacchi rialzati

per sembrare più alto.

Dal naso aquilino: with a beaked nose (lit. a nose like an eagle).
"Da" followed by a noun with an adjective and used in apposition to another noun can express the quality of a person, an animal or a thing. Ex.: un uomo dall'aspetto fiero, un ragazzo dai capelli biondi, una donna dall'aria autoritaria, un cane dal pelo lungo, una casa dal tetto rosso.

Dai baffi a spazzola: mustache cut short and even (like a brush). See also above I. 1: "capelli tagliati a spazzola".

Ha l'aria triste e preoccupata: see above I. 2: "ha l'aria di essere una persona seria".

Una via del centro: a downtown street.

Uffa che barba!: what a bore! (lit. what a beard).

Uggioso: boring (syn. noioso, fastidioso).

Insulso: insipid, dull (syn. sciocco, futile).

Astruserie: ideas which are abstruse, obscure, difficult to understand or incomprehensible.

Pretendono che io ci prenda interesse: they expect me to take an interest in them.
"Prenda" is subjunctive (pres. 3rd p.s.), used after a verb of command. Ex.: Vuole che io me ne vada via subito.

Mi stanno addosso perché mi laurei e faccia carriera: they are on my back, they push me to get my degree and to make a career for myself.
"Laurei" and "faccia" are subjunctives (pres. 1st p.s.) in dependent clauses indicating purpose, introduced by "perché" (in order that).

Non mi lascia più vivere: she will no longer let me be, she pesters me.

Vuole che ci fidanziamo: she wants us to get engaged. "Fidanziamo" is subjunctive (pres. 1st p.p.) after a verb of command. See above "pretendono che io ci prenda interesse".

<u>il professor Arcangeli</u>: quarantenne, alto, distinto,

<u>dal naso aquilino e i baffi a spazzola.</u>

Veste un vecchio impermeabile spiegazzato

<u>e ha l'aria triste e preoccupata.</u>

Sono le undici di mattina. Carlo passeggia annoiato per <u>una via del centro</u>

della cittadina di ...

<u>Carlo</u> (sbadigliando): <u>Uffa che barba!</u>

Non si sa mai che fare in questa città.

Sempre le stesse facce <u>uggiose</u>

che fanno gli stessi discorsi <u>insulsi</u>,

i professori che parlano delle loro <u>astruserie</u>

e <u>pretendono che io ci prenda interesse</u>,

i miei genitori che <u>mi stanno addosso</u> tutto il tempo

<u>perché mi laurei e faccia carriera</u>,

la mia ragazza Jaqueline che <u>non mi lascia più vivere</u>

perchè <u>vuole che</u> per lo meno <u>ci fidanziamo</u>.

<u>Di ramo in ramo</u>: from branch to branch.
  La lettera circola di mano in mano: the letter circulates from hand to hand.

<u>Vestite di pelli di pantera</u>: dressed with panther skins.
   Similarly: "una persona vestita di lana, di cotone, di seta" but "una persona vestita con un abito verde, con una giacca rossa, coi pantaloni stretti ecc. ...". "Di" precedes the noun which indicates the material with which the clothes have been made.

<u>Nel bel mezzo</u>: right in the middle.

<u>Va' al diavolo</u>: go to the devil. "Va'" is imperative,
   2nd p.s. of "andare".

<u>Vecchia carampana</u>: old hag. Carampana comes from the district of ca' (house) Rampani (the name of a family) in Venice, which used to be inhabited by prostitutes.

<u>Non c'è male</u>: So, so (not badly). The usual answer to "Buongiorno,
   come sta?" is "Bene, grazie e Lei?".

<u>Si tira avanti da poveri vecchi</u>: I am dragging on like a poor old woman.

<u>Spera che qualcuno intervenga</u>: she hopes that somebody may interrupt her (to contradict).
   "Intervenga" subjunctive (pres., 3rd p.s.) of "intervenire" after a verb of hope. Ex.: Spero che tu possa venire con noi domani.

<u>Nessuno fiata</u>: nobody says a single word (lit. nobody breathes).

<u>Indispettita</u>: piqued, annoyed.

<u>Cosa faremmo?</u>: What would we do? (pres. conditional).

<u>Si danno la mano</u>: they shake hands.

<u>Ha tempo di farmi una piccola operazione</u>: Do you have time to perform a small operation (minor surgery) on me?
   "Avere tempo di" with infinite: to have the time to do something.
   "Fare un'operazione": to perform an operation.

<u>A prezzo modico</u>: at a moderate price. "A buon prezzo": cheap.
   "A caro prezzo": expensive.

Carlo: Ah poter fuggire lontano,
  in terre esotiche e sconosciute,
  incontrare le donne favolose dell'oriente
  che ti guardano dietro i fitti veli
  che coprono loro il volto,
  o le amazzoni della giungla che saltano di ramo in ramo,
  vestite di pelli di pantera ...

Passa in fretta la signora Bolla col dottor Merlini.

Sig. ra Bolla: Ciao Carlo, come stai?

Carlo (interrotto nel bel mezzo delle sue fantasticherie):
  Buongiorno signora Bolla, come sta?
  (sottovoce: Va' al diavolo vecchia carampana).

Sig. ra Bolla: Non c'è male Carlo.
  Si tira avanti da poveri vecchi ...
  (spera invano che qualcuno intervenga
  con un complimento sulla sua bellezza,
  ma nessuno fiata,
  continua un po' indispettita,
  rivolta al dott. Merlini).
  Dottor Merlini Le presento Carlo Pesce,
  il figlio maggiore
  della mia carissima amica Sandra Pesce.
  (Rivolta a Carlo). Carlo,
  questo è il famoso dottor Merlini,
  chirurgo di estetica facciale,
  che ha rifatto il naso e tolto le rughe
  alle signore più eleganti della città.
  Cosa faremmo noi, povere donne,
  senza l'aiuto di questo mago della bellezza? ...

Carlo (con interesse): Molto piacere di conoscerLa dottor Merlini.
  (Si danno la mano). Senta, ho una gobba sul naso.
  Lei per caso ha tempo di farmi
  una piccola operazione, a prezzo modico ...

<u>Non ha bisogno di nessuna correzione</u>: it does not need correction.
"Avere bisogno di qualcosa": to need something, to be in need of
something. Ex.: Non ho bisogno di niente.

<u>Scappar via</u>: to hurry away (lit. to run away).

<u>Il naso all'insù</u>: an upturned nose. "Naso a patata": a nose round and
shapeless like a potato. "Naso a uncino": a hooked nose. "Naso greco":
a nose straight like those of Greek statues. See above I. 3: "naso
aquilino".

<u>ArrivederLa a presto</u>: see you soon (formal because the 3rd p. personal
pronoun "La" is used).
An informal way of parting is "Arrivederci a presto."

<u>Ossequi</u>: greetings (very formal way in which a gentleman parts from
a lady. It is rather old fashioned and not used very commonly now).

<u>Quanto prima</u>: as soon as possible.

<u>In gamba col naso</u>: keep going strong with your nose (humorous expression).
"È una persona in gamba": he is very capable, he is strong,
vigorous, he manages things well. Ex.: Ha organizzato lui questa
bellissima festa, è veramente in gamba.
Lei ha fatto cinquanta chilometri a piedi, è proprio in gamba.

<u>Con fare svogliato</u>: in a listless way. Ex.: Ha un fare (a manner)
gentile e affettuoso.

<u>Sono in visita da qualcuno</u>: I am visiting somebody (lit. I am in a visit
at somebody's place).

<u>Giocare a palla</u>: to play ball. Giocare a tennis, al pallone (soccer),
a ping pong, a pallacanestro (basketball).

<u>Devo fare attenzione a non sporcarmi il vestito</u>: I must be careful not
to dirty my dress. "Fare attenzione a qualcosa": to pay attention
to something/to be careful about something. Ex.: Faccio attenzione
alle parole della maestra (I pay attention to the teacher's words).
Attenti al cane (look out for the dog).

<u>Chiedo il permesso a mia zia</u>: I ask my aunt whether she will let me
play (lit. I ask the permission of my aunt).

<u>Fanno presto a fare amicizia e a divertirsi</u>: they quickly make friends
and enjoy themselves.

Dott. Merlini (seccato): Non scherziamo, giovanotto.
   Lei ha un bellissimo naso greco,
   che non ha bisogno di nessuna correzione.
   Adesso però devo scappar via
   perché ho una paziente che mi aspetta:
   devo farle il naso all'insù come quello di Elizabeth Taylor ...
   ArrivederLa a presto.
   Ossequi signora Bolla,
   e Le manderò quanto prima
   quella crema speciale per la pelle
   di cui Le parlavo.

Sig. ra Bolla: Aspetti dottore,
   che La accompagno fino all'angolo.
   Ciao Carlo, salutami la mamma.

Carlo: ArrivederLa signora Bolla
   e in gamba col naso ...

Carlo si guarda intorno con fare svogliato
e osserva due bambini all'angolo della strada.

Paolo: Ciao bambina, come ti chiami?
   Io mi chiamo Paolo
   e abito qui vicino, in via Milano,
   con la mia mamma e il mio papà.

Renata: Ciao. Io mi chiamo Renata
   e abito lontano da qui,
   ma adesso sono in visita da mia zia,
   che abita in quella casa gialla, all'ultimo piano.

Paolo: Vuoi giocare a palla con me
   nel cortile della mia casa?

Renata: Sì, ma devo fare attenzione a non sporcarmi il vestito.
   Aspetta che chiedo il permesso a mia zia.

Carlo (con invidia): Beati i bambini.
   Loro fanno presto a fare amicizia e a divertirsi ...

Arriva a passo spedito il professor Arcangeli
che insegna letteratura italiana all'università.

<u>Tenta di nascondersi</u>: he tries to hide. "Cercare" and "tentare"
  are followed by "di" and infinitive. A similar construction is
  found also with "aspettarsi di, accettare di, accorgersi di,
  avere paura di, chiedere di, comandare di, consigliare di,
  decidere di, dire di, domandare di, finire di, pensare di,
  permettere di, pregare di, promettere di, ricordarsi di,
  scrivere di, sperare di."

<u>Non mi sono sentito bene</u>: I did not feel well. Very common
  expressions to indicate physical sensations: sentirsi male,
  meglio, peggio, debole, forte, in gamba, sfinito, <u>a pezzi</u>
  (about to go to pieces, totally exhausted).

<u>Mi sono rimesso</u>: I got well again.

<u>Prendere una boccata d'aria fresca</u>: to take some fresh air (lit.
  a mouthful of fresh air).

<u>Guarda che sfortuna!</u> <u>Guarda chi si vede!</u> Look what a misfortune!
  Look who is here!

<u>Non passa mai di qui</u>: he never comes this way. Ex.: Passa di qui,
  non di là, perché quella strada è bloccata (go this way,
  not that one, because that street is blocked).

<u>Rischiarandosi subito alla vista di Carolyne</u>: Brightening up
  immediately at the sight of Carolyne. Rischiararsi: to brighten
  up (of a person), to clear up (of sky, water, weather.) Ex.: Lei
  era di umor nero, ma si rischiarò al pensiero delle vacanze.
  Il cielo, che era scuro di nuvole, si rischiarò all'arrivo del vento.

<u>Muoio dalla voglia di conoscerla</u>: I am dying to meet her.
  "Morire dalla voglia di" with infinitive: to long to do
  something (lit. to die from the desire of doing something).
  But "morire di fame, di sete, di paura, di impazienza...":
  to die of hunger, thirst, out of fear, impatience...

<u>Vacci piano</u>: take it easy.

Riconosce subito Carlo,
che tenta invano di nascondersi
dietro a un'edicola di giornali.

Prof. Arcangeli: Buongiorno Pesce.
   Come mai non è venuto alla mia lezione stamattina?

Carlo (imbarazzatissimo): Oh buongiorno professor Arcangeli.
   Non mi sono sentito bene
   quando mi sono svegliato alle otto.
   Poi, per fortuna, mi sono rimesso un po'
   e sono uscito a prendere una boccata d'aria fresca.

Prof. Arcangeli: Già. Ci scommetto che Lei la mattina alle otto
   non si sente mai troppo bene...
   Comunque L'aspetto alla mia prossima lezione.
   ArrivederLa (si allontana rapidamente).

Carlo: Ma guarda che sfortuna!
   Proprio lui dovevo incontrare,
   che non passa mai di qui...
   Chissà che voto mi darà d'italiano
   alla sessione di febbraio...

Mentre Carlo è immerso nei suoi pensieri,
arriva Pippo con la sua ragazza Carolyne.

Pippo: Ciao Carlo, come stai?
   Ti vedo un po' soprappensiero.

Carlo: Guarda guarda chi si vede!...
   Ciao Pippo. (Rischiarandosi subito alla vista di Carolyne).
   E chi è quella bella ragazza?
   Per favore, presentami subito a lei
   ché muoio dalla voglia di conoscerla.

Pippo: Va bene, Carlo, ti presento a Carolyne.
   Ma vacci piano perché è la mia ragazza.
   (Rivolto a Carolyne)
   Carolyne, ti presento Carlo Pesce, un mio amico d'infanzia.
   Carlo, questa è Carolyne Addams che viene da Toronto
   ed è qui per qualche mese per migliorare il suo italiano.

<u>Si stringono la mano</u>: they shake hands. See above "si danno la mano".

<u>Andremo tanto d'accordo</u>: we shall get along so well.
   "Andare d'accordo con qualcuno": to get on well with someone.

<u>Senza badare all'amico</u>: regardless of his friend.
   "Badare a qualcuno": to look after someone, to pay attention
   to someone. Ex.: Lei bada a suo fratello (she looks after
   her brother).
   Bada agli affari tuoi (mind your own business).
   Bada! (threatening expression: take care!).

<u>Tutti mi prendono per un'americana</u>: they all take me for an American.

<u>Questo mette in risalto i tuoi begli occhi blu</u>: this enhances your
   beautiful blue eyes. "Risalto": prominence, relief.
   "Mettere in risalto": to emphasize, to enhance.

<u>Non fare il galletto</u>: do not be cocky. "Galletto" is a lively young
   man, who courts women in an ostentatious, impudent way.

<u>Non ti fidare di Carlo</u>: do not trust Charles.
   "Fidarsi di qualcuno": to trust someone.

<u>Si prende una cotta per una ragazza nuova</u>: he falls for a new girl.
   "Cotta" is a humorous expression to indicate a sudden,
   violent passion.
   "Prendersi una cotta per qualcuno": to fall in love with someone.

<u>Alla mezza</u>: at twelve thirty.

<u>Noi facciamo i conti</u>: we settle the matter (threatening expression).
   "Fare i conti" (not threatening): to do one's accounts.
   "Fare il conto": to add up.
   "Saldare il conto": to settle an account.

Carlo e Carolyne si stringono la mano e dicono: "Ciao, come stai?"

Carlo: Carolyne, Carolina, che bel nome,
  proprio come il mio!
  Sono sicuro che andremo tanto d'accordo.

Pippo: Carlo, vacci piano...

Carlo (senza badare all'amico): Vieni dagli Stati Uniti?

Carolyne (offesa): No. Toronto è nel Canada, non negli Stati Uniti.
  Io sono canadese, non americana.
  Non vedi che ho una spilla colla foglia d'acero
  sui risvolti della giacca,
  e il disegno di un castoro sulla camicetta?
  Io non capisco
  perché tutti mi prendono per un'americana.

Carlo: Scusami tanto Carolyne,
  non volevo offenderti.
  Però sei così carina quanto ti arrabbi,
  diventi tutta rossa,
  e questo mette in risalto
  i tuoi begli occhi blu e i tuoi magnifici capelli biondi.

Pippo: Carlo, non fare il galletto.
  Carolyne è la mia ragazza, non la tua.
  (a Carolyne) Non ti fidare di Carlo.
  Fa così con tutte
  e ogni settimana si prende una cotta
  per una ragazza nuova.

Carolyne: Non litigate ragazzi (guarda l'orologio).
  Uh, com'è tardi! Sono già le dodici e un quarto
  e la padrona della mia pensione serve il pranzo alla mezza.
  Devo andarmene subito.

Carlo (con interesse malcelato): In che pensione stai?

Carolyne: Ma nella pensione Canada, naturalmente.

Pippo: A stasera allora Carolyne.
  Carlo, tu rimani qui,
  ché noi facciamo i conti adesso.

Nomenclatura

Aggettivi per descrivere una persona

Statura (height): bassa (low), media (medium), alta (high).

Corporatura (figure): grossa (big), muscolosa (muscular), esile (slim), gracile (frail), slanciata (slender), sottile (thin).

Capelli (hair): lunghi (long), corti (short), ricciuti (curly), crespi (frizzy), ondulati (wavy), folti (thick), stopposi (flaxen), lucenti (shining), lisci (straight), radi (thin), opachi (dull), scuri (dark), chiari (light), bruni (dark), neri (black), rossi (red), biondi (blonde), biondo scuro (dark blonde), biondo cenere (ash blonde), biondo platino (platinum blonde), castani (chestnut, brown).

Colorito (complexion): pallido (pale), roseo (pink), acceso (bright red).

Carattere (character): timido (shy), triste (sad), pensieroso (thoughtful), appassionato (passionate), emotivo (emotional), freddo (cold), diffidente (diffident), intoverso (introvert), estroverso (extrovert), espansivo (effusive), gioviale (jovial), allegro (cheerful), spensierato (carefree), ansioso (anxious), agitato (excitable), apprensivo (apprehensive), nervoso (nervous), tranquillo (calm), rilassato (relaxed), chiuso (withdrawn), aperto (open).

Aggettivi di tipo generale per descrivere il fisico di una pesona: mingherlino (lean, scrawny), tarchiato (sturdy), allampanato (gangling), rotondetto (plump), ossuto (bony), magro (thin), grasso (fat), obeso (obese).

Professioni

architetto (architect), ingegnere (engineer), medico (doctor), insegnante (teacher), assicuratore (insurer), commesso viaggiatore (travelling salesman), rappresentante di una ditta (travelling salesman representing a firm), agente di viaggio (travel agent), agente di borsa (stock-broker), contabile (bookkeeper), banchiere (banker), cassiere (cashier), autista (driver), imbianchino (house painter), muratore (bricklayer), bigliettaio (conductor, booking-office clerk), sarto (tailor), sarta (dressmaker), idraulico (plumber), meccanico (mechanic), elettricista (electrician), commerciante (businessman), ferroviere (railway employee), tranviere (tram-driver), pilota (pilot), cameriere (waiter), barista (barman), portiere (doorkeeper, goalee), portabagagli (porter), impiegato (office clerk), dirigente (manager), infermiere/a (nurse, orderly), chirurgo (surgeon), macellaio (butcher), droghiere (grocer), pescivendolo (fishmonger), fruttivendolo (fruit vendor), fioraio (florist), farmacista (pharmacist), fabbro (smith), falegname (carpenter), calzolaio (shoe-maker), ciabattino (cobbler), negoziante (shopkeeper).

Esercizi sul dialogo

1. Osservate i vari modi in cui si trattano i personaggi (uso del "tu" e del "Lei", del nome di battesimo e del cognome) e il modo in cui si salutano (Buongiorno, ArrivederLa, Ossequi, Ciao, Arrivederci).

2. Descrivete i vari personaggi della scenetta in ordine di apparizione e riassumete quello che si dicono.

3. Presentatevi agli altri studenti: Mi chiamo... Sono studente/essa di... Abito a...
   Presentate il vostro vicino di banco agli altri studenti.

4. Un ragazzo italiano si presenta a una turista straniera di cui vuol fare la conoscenza. "Permetta che mi presenti signorina. Mi chiamo... Posso accompagnarLa a visitare le bellezze di questa città?"

5. Un amico vi presenta (a) a un suo parente
   (b) a un altro amico
   (c) a una persona importante che vi può aiutare a far carriera.

6. Avete incontrato a una festa la persona dei vostri sogni: descrivetela a un amico curioso, che vi farà molte domande a quel proposito.

7. Agenzia matrimoniale. Cercate il compagno/la compagna della vostra vita e vi presentate a un'agenzia matrimoniale. La segretaria vi intervista, stabilisce la vostra personalità, vi propone varie persone che vi potrebbero piacere e vi fissa un appuntamento con una di queste persone. La persona in questione porterà un segno di riconoscimento. Aspettate la persona "speciale" all'angolo di una strada, ma siccome non la conoscete ancora, vi presentate ad altre persone arrivate prima. Finalmente arriva lui/lei, col segno di riconoscimento prestabilito...

8. Cercate un compagno/una compagna per le vacanze. Mettete un annuncio sul giornale.

SECONDO DIALOGO
MAMMA PESCE FA UNA SCENATA

Squilla il campanello del telefono: the phone (bell) rings.

Si avventa sull'apparecchio: she pounces on the phone
    (lit. phone set).
    "Apparecchio telefonico, apparecchio radio": phone set,
    radio set.

Solleva il ricevitore: she lifts the receiver.

Pronto, chi parla?: hello, who is speaking?

Qui parla Emilia Bolla, con chi parlo?: this is Emilia Bolla,
    with whom am I speaking?

Cos'hai oggi: what is the matter with you today?
    Cos'hai che sei così triste (allegro, agitato ecc.)?: What's the
    matter with you that you are so sad (cheerful, restless...)?.

Impazzisco dall'ansia: I am very anxious (lit. I am going mad with anxiety).

Non so più a che santo votarmi: I do not know which way to turn
    (lit. to which saint I should make a vow).

È da un'ora che aspettiamo Carlo: we have been waiting for Charles
    for an hour. You could also say: aspettiamo Carlo da un'ora.
    In Italian an action which begins in the past and continues in
    the present is expressed with the present tense. Ex.: Abito a
    Toronto da dieci anni (I have been living in Toronto for ten
    years). But: Ho abitato a Toronto per dieci anni (I lived in
    Toronto for ten years, and am no longer there.)

Ancora non si è fatto vivo: he has not yet shown up.
    Ex.: Fatti vivo con noi quando ritorni (do get in touch with us
    when you come back).

È stato investito da una macchina: he has been hit by a car.

È stato rapito da banditi che vogliono da noi un grosso riscatto:
    he has been kidnapped by outlaws who want a big ranson from us.

Gli è venuta un'amnesia: he had amnesia.

Bisogna che chiami gli ospedali, la polizia, i vigili del fuoco:
    I must call the hospitals, the police, the firemen.
    "Chiami" is subjunctive (present. 1st p.s.) after an impersonal
    verb (bisogna).

Casa Pesce. È l'una e mezza. Sandra Pesce passeggia

nervosamente in salotto, mentre il signor Pesce, seduto

in poltrona, legge il giornale con aria rassegnata.

Squilla il campanello del telefono.

La signora Pesce si avventa sull'apparecchio e solleva il ricevitore.

Signora Pesce (con voce rotta): Pronto, chi parla? Sei tu Carlo?

Signora Bolla: Qui parla Emilia Bolla, con chi parlo?

Signora Pesce: Ah Emilia sei tu! Sono Sandra.

Emilia: Sandra, scusa se non ti ho riconosciuto,

   ma cos'hai oggi?

   Parli con una voce così strana.

Sandra: Emilia, io impazzisco dall'ansia.

   Non so più a che santo votarmi.

   È da un'ora che aspettiamo Carlo per il pranzo

   e ancora non si è fatto vivo.

   Deve essergli successo qualcosa.

   Forse è stato investito da una macchina,

   o magari è stato rapito da banditi

   che vogliono da noi un grosso riscatto,

   o forse gli è venuta un'amnesia

   e non si ricorda più chi è.

   Bisogna che chiami gli ospedali, la polizia, i vigili del fuoco...

<u>Tu leggi troppi gialli</u>: you read too many detective stories.
"I romanzi gialli" are detective stories, so called from the
colour of the book cover.
"I romanzetti rosa" are sweet, sentimental novels, like Harlequin
romances.
"I romanzi neri" are horror stories.

<u>Nei pressi di via Milano</u>: in the neighbourhood of Milano Street.

<u>Bighellonava</u>: he was walking aimlessly.

<u>Col naso in aria</u>: absentmindedly (lit. with his nose in the air).

<u>Avrà trovato qualche amico</u>: he must have found some friends.
"Avrà trovato" is future perfect, used to convey probability
in the past. In the same way the future can be used to convey
probability in the present. Ex.: Cosa avrà pensato?
(What might he have been thinking?)
Cosa starà facendo? (What may he be doing?)

<u>Fare quattro chiacchiere</u>: to have a chat.

<u>È uscito lamentandosi che avrebbe finito solo a mezzogiorno</u>:
as he went out he was complaining that he would finish only at midday.
"Avrebbe finito" is past conditional and is used to express the future
in a subordinate clause dependent on a verb of saying in the past tense.
Ex.: Gli dicevo che sarei venuto oggi (I told him I would be coming today).
See below II. 6: Ho promesso che l'avrei aiutato.

<u>Ma mi sente quel disgraziato</u>: that wretched guy is going to hear
what I have to say (threatening expression).

<u>Squilla il campanello della porta di casa</u>: the door bell rings.
See above: "squilla il campanello del telefono".

<u>Chissà che non sia Carlo</u>: who knows, it might be Carlo.
"Chissà che" is followed by the subjunctive mood, to convey possibility.
In this case "sia" is present subjunctive, 3rd p.s. of "essere".

<u>Tranquillo come una Pasqua</u>: very calm (lit. as calm as Easter).
Also "contento, felice come una Pasqua" (very happy).

Signor Pesce: Via Sandra, non esagerare.

Tu leggi troppi gialli.

Emilia: Sandra, non preoccuparti così.

Ho visto Carlo due ore fa nei pressi di Via Milano,

che bighellonava col naso in aria.

Avrà trovato qualche amico

e si saranno fermati a fare quattro chiacchiere.

Sandra (furibonda): Ah! era in Via Milano

alle undici e mezzo che bighellonava...

E stamattina è uscito alle nove

lamentandosi che aveva due ore di lezione all'università,

e che avrebbe finito solo a mezzogiorno.

Ma mi sente quel disgraziato,

quando torna a casa.

Squilla il campanello della porta di casa.

Sandra: Scusami Emilia, ma devo andare.

Hanno suonato alla porta.

Chissà che non sia Carlo.

Ti richiamo più tardi.

Sandra si precipita alla porta, la apre

ed entra Carlo tranquillo come una Pasqua.

<u>Mi sono data da fare per prepararti i tuoi piatti favoriti</u>: I was
busy preparing your favourite dishes.
"Darsi da fare per" with infinite: to busy oneself about.

<u>Mica</u>: by no means.

<u>Arrivavi in ritardo</u>: you were going to arrive late (for lunch).
"Essere/arrivare in ritardo": to be/to arrive late for an
appointment.
"Arrivare tardi": to arrive late in the day. "È tardi": it is late.

<u>Ci vuol così poco a chiamarci da un bar</u>: it takes so little (effort)
to call us from a bar.
"Ci vuole", "ci vogliono": it takes.
Ex.: Ci vogliono due ore per andare di qui all'università.
Ci vuole molta pazienza per fare questo.

<u>Ci hai tenuti in ansia per un'ora</u>: you kept us on tenterhooks for an hour.

<u>Non hai il buonsenso di avvertire i genitori</u>: you do not have the
foresight to let your parents know (what you are doing).
"Buonsenso": foresight.

<u>Io non so come si fa ad essere così</u>: I do not understand how one can
be like that (colloquial expression).

<u>Lascia che ti spieghi</u>: let me explain.
"Spieghi" is subjunctive (present, 1st p.s.) after a verb of
allowing (lascia).

<u>Si è ammalata improvvisamente la tua ragazza Jaqueline</u>: your girl friend
Jaqueline suddenly fell ill.
"Ammalarsi": to fall ill. "Essere malato/a": to be sick.
"Guarire": to recover.
See also I. 6 "sentirsi male, bene ecc."

Sandra: Ah sei qui disgraziato!

A quest'ora arrivi a casa!

E io che proprio oggi mi sono data da fare

per prepararti i tuoi piatti favoriti:

gli spaghetti col pesto e le cotolette alla milanese.

Noi naturalmente abbiamo già mangiato.

Mica potevamo aspettarti.

Vuol dire che adesso mangerai tutto freddo

e ti verrà l'indigestione.

Perché non ci hai telefonato che arrivavi in ritardo?

Dio mio, ci vuol così poco a chiamarci da un bar.

Ma lo sai che ci hai tenuti in ansia per un'ora?

Hai vent'anni e non hai ancora il buonsenso

di avvertire i genitori quando arrivi in ritardo.

Io non so come si fa ad essere così...

Carlo: Mamma lascia che ti spieghi quello che mi è successo.

Ti assicuro che non è colpa mia...

Sandra: (sempre più esasperata): Ogni giorno hai una scusa nuova.

Ieri ti si è rotta la bicicletta,

l'altro ieri hai dovuto aiutare un amico che traslocava,

la settimana scorsa si è ammalata improvvisamente la tua

ragazza Jaqueline.

Ce ne hai sempre una: you have always got some problems
   (colloquial).

Sai quanto ci teniamo a stare insieme: you know how much we
   care about being together.
   "Tenere/tenerci a qualche cosa": to care about something.
   Ex.: Ci tengo molto a partire con te.
   Noi ci teniamo molto alla tua amicizia.

Ha fatto tardi: she kept late hours. See above II. 3 "arrivavi
   in ritardo."

Ha fatto un salto da Rosa: she dropped in at Rosa's
   (she paid a quick visit to Rosa.)

Io sono diventata matta a cercarla: I went crazy looking for her.

Questa famiglia sta andando a rotoli: this family is going to
   rack and ruin (lit. rolling head first).
   See also: "gli affari vanno a rotoli, la situazione va a rotoli."

Scoppia a piangere: she bursts into tears.
   See also "scoppiare a ridere."

Batte una mano sulla schiena della moglie: he pats his wife's back.

Riduci tua madre alla disperazione: you drive your mother to despair.
   "Ridurre qualcuno alla miseria, al verde (to poverty),
   al suicidio, in fin di vita (to his death bed)."

Che cosa hai combinato?: What have you been up to? (colloquial
   use of "combinare").
   "Combinare": to arrange, to combine.
   Ex.: Combiniamo un buon affare, un matrimonio.

Sandra: <u>Ce ne hai sempre una.</u>
  Insomma non sei mai a casa,
  non rispetti mai gli orari dei pasti.
  <u>E tu sai quanto ci teniamo a stare insieme</u>
  per lo meno a tavola.
  Ma sei sempre stato così.
  Ah i figli, quanti dispiaceri!
  E adesso anche tua sorella segue il tuo cattivo esempio.
  Ieri sera <u>ha fatto tardi</u> cogli amici
  ed è tornata a mezzanotte.
  Due giorni fa <u>ha fatto un salto da Rosa</u>
  e non mi ha nemmeno avvertito,
  <u>e io sono diventata matta a cercarla.</u>
  E dire che ha solo quattordici anni.
  <u>Questa famiglia sta andando a rotoli.</u>
  I figli non hanno più nessun rispetto per i genitori.
  E io ci devo pensare da sola.
  Guarda tuo padre sdraiato in poltrona
  che non dice una parola.
  Ah che rabbia, che vergogna, che sfacelo!
  (<u>scoppia a piangere</u> ed è scossa da violenti singhiozzi).

Alfredo Pesce (<u>batte una mano sulla schiena della moglie</u> per calmarla):
  Su Sandra, calmati.
  Non è il caso di agitarsi tanto.
  Carlo non è un criminale alla fin fine,
  è soltanto arrivato in ritardo per il pranzo.
  (Rivolto al figlio) E tu, brigante,
  che <u>riduci tua madre alla disperazione,</u>
  <u>che cosa hai combinato</u> stavolta?

<u>Se l'è presa a morte</u>: he took it very badly. See also
    "prenderla bene, male, a cuore": to take the matter well,
    badly, to one's heart.
    Ex.: Era una notizia terribile, ma la prese bene.
    Questa è una faccenda molto importante: la prendo a cuore io.

<u>Me l'ha contata per un'ora</u>: he kept talking to me for an
    hour (colloquial).
    "Contarla grossa": (colloquial) to tell a lie.

<u>Un giorno o l'altro ti va a finire male</u>: one of these days
    you will come to grief.

<u>Mi sfilo la cinghia dei pantaloni e te le suono</u>: I will take off
    the belt from my pants and give you a good thrashing.
    "Suonarle a qualcuno": (colloquial) to thrash someone.

<u>Eri in giro per la città</u>: you were wandering about the city.
    "Essere, andare in giro": to wander around.

<u>Da cent'anni a questa parte</u>: for the longest time (for the
    past century).
    Ex.: Da due giorni a questa parte non riesco più a dormire
    (I have not been able to sleep for the past two days.)

<u>Ma sai cosa ti dico</u>: listen to me/you know what (colloquial).

<u>Da ora in poi</u>: from now on.

<u>Non ti passo un soldo di mensile</u>: I am not giving you a cent
    of your monthly allowance.

Carlo: Cosa vuoi papà.
   È tutta colpa di quello scemo di Pippo.
   Se l'è presa a morte
   perché ho fatto due complimenti alla sua ragazza
   e poi me l'ha contata per un'ora
   su come devono comportarsi i buoni amici e simili panzane.

Alfredo: Sì, sì, ti conosco buffone.
   Tu appena puoi cerchi di conquistare una ragazza,
   ma fa' attenzione
   che un giorno o l'altro ti va a finire male...

Carlo: Uffa che barba, papà!
   Non ricominciare anche tu...
   Ne ho abbastanza delle prediche di Pippo.

Alfredo (arrabbiatissimo): Non rispondermi con questo tono,
   o mi sfilo la cinghia dei pantaloni
   e te lo suono anche se hai vent'anni.
   E spiegami un po'
   perché questa mattina, alle undici e mezza,
   eri in giro per la città
   invece che all'università a seguire le tue lezioni.

Carlo: Ma io la storia e la letteratura moderna
   le conosco benissimo.
   Non ho bisogno di andare
   alle stupide lezioni dei miei professori
   che da cent'anni a questa parte
   ripetono sempre le stesse cose...

Alfredo (furibondo): Ah sì! Tu ne sai troppo
   di letteratura e di storia?
   Spiegami allora perché in due anni di università
   non hai dato ancora nessun esame
   col pretesto che non stavi bene
   e che non avevi potuto andare a tutte le lezioni?
   Ma sai cosa ti dico:
   da ora in poi non esci più di sera
   e non ti passo più un soldo di mensile
   se non ti metti a studiare da mattina a sera
   e non dai per lo meno quattro esami alla prossima sessione.

II. 6

Vista la mala parata: perceiving the danger.

Abbassa subito la cresta: he becomes crestfallen.

Non prendertela così: do not take it so badly. See above:
   "Se l'è presa a morte."

Comincerò a studiare come un matto: I shall begin to study
   very hard (lit. like a madman).

Ho già preso un impegno con Raimondo: I have a previous
   engagement with Raimondo.
   "Impegno": social commitment, business engagement,
   responsibility.
   Ex.: Mi scusi, non posso uscire con Lei, perché ho già un
   impegno con un'altra persona.
   È una somma forte, ma mi assumo io l'impegno di pagarla tutta.

Ho promesso che l'avrei aiutato: I promised I would help him.
   "Avrei aiutato" is past conditional and is used to express
   the future in a subordinate clause dependent on a verb
   of saying in a past tense. See above II. 2: E` uscito
   lamentandosi che avrebbe finito solo a mezzogiorno.

Vada per stasera: I'll let it pass for this evening.

Ti metti sotto: you start working hard (colloquial expression).

Per non andarci di mezzo: not to get mixed up (involved)
   in the trouble (lit. not to end in the middle of it).

Carlo (vista la mala parata abbassa subito la cresta):

Papà, io scherzavo.

Non prendertela così.

Ti prometto che da domani

comincerò a studiare come un matto

e non la smetterò

finché non mi sarò preparato

per tutti gli esami che devo dare.

Alfredo (scoraggiato): Domani, tu rimandi sempre a domani.

Perché non stasera?

Carlo (imbarazzato): Stasera ho già preso un impegno con Raimondo.

Ho promesso che l'avrei aiutato

a cambiare le gomme della macchina.

Alfredo (lo guarda dubbioso): E vada per stasera.

Ma domani ti metti sotto.

Carlo: (sollevato): Sì, sì papà.

Certo che te lo prometto.

Ti puoi fidare di me.

Arriva in quel momento Luisa, la sorella di Carlo, che si era prudentemente ritirata in camera sua durante la sfuriata della madre, per non andarci di mezzo. Non ha perso una parola di quello che è successo, ed ora muore dalla voglia di saperne di più sulle vicende amorose del fratello.

<u>Vedessi che capelli</u>: you should see her hair.

   "Vedessi" is imperfect subjunctive of "vedere" and expresses

a wish. Ex.: Venisse presto! (I wish he came early).

Potessi far questo (I wish I could do this).

<u>Figurati</u>: just imagine.

   "Figurati" can also mean: fancy that, not likely.

Ex.: "Ha detto che sarebbe venuto oggi." "Figurati!

Non si fa mai vedere." ("He said that he could come today."

"Not likely! He never turns up.")

<u>Voglio dire</u>: I mean.

<u>Mangia prima che gli spaghetti si raffreddino un'altra volta</u>:

   Eat before your spaghetti becomes cold again.

"Si raffreddino" is subjunctive, 3rd p.p., in a dependent

clause expressing time introduced by "prima che".

Ex.: Glielo dissi prima che partisse. (I told him before

he left.)

Luisa (sottovoce): Com'è la ragazza di Pippo?

Carlo: Uno splendore.

    Vedessi che capelli, che occhi, che gambe...

    Figurati che è americana,

    no, voglio dire canadese,

    e che è qui per imparare l'italiano.

Luisa (indignata): Come! Hai già dimenticato Jaqueline,

    la francese che hai conosciuto l'estate scorsa al mare?

Carlo: E chi pensa più a Jaqueline,

    quando c'è in giro una ragazza come Carolyne!

Luisa: E il povero Pippo?

Carlo: Pippo è uno stupido,

    non si merita una ragazza come quella.

    E poi sarà Carolyne

    che dovrà decidere tra noi due.

Sandra: (ritorna dalla cucina cogli spaghetti fumanti):

    Siediti a tavola Carlo,

    e mangia prima che gli spaghetti si raffreddino

    un'altra volta.

Nomenclatura

Per fare una telefonata

"Pronto, chi parla?" "Qui parla (Carlo), con chi parlo?"
"Qui parla (Maria)/Sono (Maria)."

Fraseologia elementare: chiamare qualcuno al telefono (to phone someone),
formare il numero (to dial the number), alzare il ricevitore (to
lift the receiver), trovare la linea occupata (to hear a busy
signal), trovare la linea libera (to get through on the phone),
non riuscire ad avere la linea (not to get the connection),
telefono pubblico (public phone), cabina telefonica (phone booth),
consultare l'elenco telefonico (to consult the phone book), chiedere
al centralino una prenotazione telefonica interurbana (to ask the
operator to book you a long distance call), al telefono c'è
un'interferenza (there is an interference on the line), inserire
un gettone nell'apparecchio (to insert a token into the phone).

Per litigare

Espressioni usate per insultare una persona: stupido/sciocco/scemo (idiot),
imbecille (fool), disgraziato (wretch), buffone (clown), cretino
(cretin), screanzato/villano/maleducato (boor, lout), animale/
bestia (beast), porco (pig), figlio di un cane (dog), oca (stupid,
goose, speaking of a woman), cagna (slut), asino (ass).

Espressioni usate nel corso di un litigio: Se non stai zitto, ti picchio
(if you do not shut up, I will hit you), ti bastono (I will beat
you up), ti rompo le costole (I will break your ribs), ti rompo
il muso (I will break your snout), ti riempio la faccia di schiaffi
(I will slap you), ti strozzo (I will strangle you), ti spedisco a
calci di qui fino a casa (I will kick you all the way back home),
te le suono (I will beat you up), va'al diavolo/va'all'inferno/va'
a quel paese (go to hell), non rompermi le scatole (do not bug me),
non hai sale in zucca (you have no judgement, no commonsense),
pensa agli affari tuoi (mind your business), chiudi il becco (shut
your trap), me ne frego (I do not give a damn), non ti
posso più vedere (I cannot stand you any longer), sei insopportabile
(you are unbearable), sei un attaccabrighe (you are quarrelsome),
sei un ficcanaso (you are nosy).

Arrabbiarsi con qualcuno (to get angry with someone), ingiuriare/insultare
qualcuno (to insult someone), litigare con qualcuno (to quarrel with someone),
fare la pace con qualcuno, rappacificarsi, riconciliarsi (to make peace with
someone).

Ricette di cucina

Pesto alla genovese

Ingredienti per 4 persone.

2   tazze di basilico fresco
1   tazza di prezzemolo italiano
1/2 tazza di parmigiano grattugiato
1/2 tazza di formaggio romano, o di pecorino piccante
12   mandorle sbiancate
2   cucchiai di pinoli
6   noci sbiancate
2   spicchi di aglio
4   cucchiai di burro
1/2 tazza di olio di oliva

Ponete nel mortaio il basilico, il prezzemolo, l'aglio, i pinoli e le noci e pestate tutto accuratamente fino ad ottenere una poltiglia, alla quale aggiungerete il formaggio (parmigiano e romano) il burro e l'olio.

Se volete far in fretta, invece del pestello, usate il frullatore elettrico.

Cotolette alla milanese

Ingredienti per 4 persone.

4   cotolette di carrè di vitello
1   tazza di farina
2   tazze di pane grattato
1   uovo
1   tazza d'olio
1   limone
5   ciuffetti di prezzemolo

Battete bene le cotolette in modo che siano molto sottili. Passate le cotolette prima nella farina, da una parte e dall'altra, poi nell'uovo sbattuto, e infine nel pane grattato, di modo che siano ricoperte da una crosta di farina, uovo e pane. Friggetele rapidamente nell'olio ben caldo. Quando la carne sarà dorata, mettetela sul piatto di portata e servitela guarnendola con spicchi di limone e qualche ciuffetto di prezzemolo.

Esercizi

1. Descrivete il carattere dei personaggi che compongono la famiglia Pesce.

2. Riassumete i discorsi di Sandra Pesce: che cosa teme che sia successo a Carlo, di che cosa si lamenta quando suo figlio ritorna a casa.

3. Telefonate (a) a un amico/a un'amica
             (b) a una persona che non conoscete bene.

4. Telefonate a un parente che abita in Europa e che non ha la teleselezione.

5. Un amico/un'amica o un/una parente è arrivato in ritardo a un appuntamento. Arrabbiatevi moltissimo con lui/lei e poi fate la pace.

6. Scrivete una ricetta di cucina.

TERZO DIALOGO
NOSTALGIA DI CASA PROPRIA

III. 1

<u>Un vestito di cotone turchese a pallini bianchi</u>: a turquoise

cotton dress with white polka dots.

<u>Maniche a sbuffo</u>: puffed up sleeves.

<u>Corpetto attillato</u>: tight fitting bodice.

<u>Gonna arricciata</u>: gathered skirt.

<u>Abito a trapezio di lino rosso geranio</u>: a trapeze dress, of geranium

red linen.

<u>Mangi come un lupo</u>: you eat a lot of food (lit. like a wolf).

<u>Addio abiti alla moda e corteggiatori</u>: goodbye to fashionable

dresses and suitors.

<u>Se stai a dieta</u>: if you are on a diet.

<u>Quella gonna di lana nera con lo spacco davanti</u>: that black woolen

skirt with a split in front.

<u>Camicetta di nailon rosa corallo</u>: coral pink nylon blouse.

<u>Non me ne parlare</u>: don't talk about it.

<u>Sono rimasta a bocca asciutta</u>: I remained disappointed (lit. with a

dry mouth).

Carolyne e la sua amica Paola sono sedute sul terrazzo della pensione Canada
e chiacchierano tra di loro. Carolyne indossa un vestito di cotone turchese
a pallini bianchi, colle maniche a sbuffo, il corpetto attillato e la gonna
arricciata. Paola, che è grassottella, nasconde le sue eccessive rotondità
con un abito a trapezio di lino rosso geranio.

Paola (guardando con invidia l'amica): Beata te,

   che mangi come un lupo e non ingrassi mai,

   e mantieni sempre la tua bella figura!

   Io, se appena tocco gli spaghetti,

   mi gonfio come un pallone,

   e allora addio abiti alla moda e corteggiatori.

Carolyne (cercando di consolare l'amica): Su, non prendertela tanto.

   Vedrai che se stai a dieta per qualche settimana,

   poi perdi subito di peso

   e allora puoi sfoggiare il tuo guardaroba nuovo.

   Dimmi, l'hai poi comprata

   quella gonna di lana nera con lo spacco davanti,

   con quella bella camicetta di nailon rosa corallo?

Paola: Non me ne parlare.

   Ieri ho passato un'ora davanti alla vetrina del negozio,

   senza decidermi a entrare.

   Ci ho pensato su tutta la notte

   e stamattina per prima cosa mi sono precipitata

   a comprare quel completo,

   ma purtroppo qualcuna era già arrivata prima di me,

   e così sono rimasta a bocca asciutta.

<u>Ti rifarai</u>: you'll make good your losses.
   "Rifarsi": to make up for one's losses, to start again,
to become again.
   Ex.: Mi rifaccio di una perdita, di una disfatta.
       Mi rifaccio da capo, dopo la perdita del negozio.
       Il cielo si è rifatto bello.

<u>L'unica cosa che mi renderebbe felice, sarebbe di perdere una</u>
<u>decina di chili</u>: the only think that would make me happy would be
   to lose about twenty pounds.
   "Renderebbe" and "sarebbe" are present conditionals, 3rd p.s.,
to indicate probability in the present.

<u>Se solo riuscissi a trattenermi un po' quando mangio</u>: if only I could
   manage to restrain myself a little when I eat.
   "Riuscissi" is an imperfect subjunctive, 1st p.s., to express
a wish in the present whose fulfilment seems unlikely. Such
sentences are often introduced by expressions like "oh, almeno,
magari, se, così."
   Ex.: Magari io fossi più giovane! (If only I were younger.)

<u>Mi sento un po' giù di corda</u>: I feel low, depressed.

<u>Questa foto l'ha scattata mio padre</u>: my father snapped this photograph.

<u>È un po' sfocata</u>: it is a bit out of focus.

<u>In primo piano</u>: in the foreground. "Un primo piano": a close up.

<u>Sullo sfondo</u>: in the background.

<u>Che nostalgia mi viene quando ci penso!</u>: how nostalgic I feel,
   when I think of it!

Carolyne: Vedrai che ti rifarai poi con le svendite

e allora di completi ne comprerai

due o tre con la stessa somma.

Paola: Ah, l'unica cosa che mi renderebbe veramente felice,

sarebbe di perdere una decina di chili.

Se solo riuscissi a trattenermi un po' quando mangio...

(Si accorge che Carolyne ha l'aria triste).

Ma tu piuttosto, come ti senti?

Carolyne: Sai Paola, oggi mi sento un po' giù di corda.

Sono depressa perché penso a Toronto,

alla mia famiglia, ai miei amici.

Vorrei essere con loro, a casa.

(Tira fuori dalla borsetta delle vecchie fotografie).

Questa foto l'ha scattata mio padre

quando eravamo ai laghi, due estati fa.

È un po' sfocata, ma le persone si vedono lo stesso:

in primo piano ci siamo io, il mio fratellino e mia madre,

e sullo sfondo c'è la casetta

che avevamo affittato per le vacanze.

Stavamo proprio sulla sponda del lago Simcoe,

e ogni giorno andavamo fuori in barca a pescare e a nuotare,

e la sera cucinavamo alla griglia il pesce appena pescato.

Che nostalgia mi viene quando ci penso!

<u>Imbacuccata</u>: wrapped up, muffled up.

<u>Passamontagna</u>: balaclava. Knitted tuque which is worn lowered on the
   face and leaves only a slit for the eyes.

<u>Era un'impresa uscire di casa</u>: it was a real feat to go out of
   the house.

<u>Guai a levarsi i guanti e il berretto</u>: you ran into troubles
   (lit. woe unto you) if you took off your gloves or your cap.

<u>Si rischiava di farsi congelare il naso, le orecchie, e le dita</u>:
   one risked having one's nose, ears and fingers all frostbitten.

<u>Dopo che fui tornata da scuola</u>: after I had come back from school.
   "Fui tornata" is the 'trapassato remoto indicativo' of "tornare".
   The 'trapassato remoto indicativo' corresponds to the English past
   perfect indicative and two conditions must be present for its use:
   1) it is used only in subordinate clauses which are introduced by
   conjunctions of time, such as "quando, dopo, che, appena, come,
   finché non", 2) it is used only if the verb in the independent
   clause is in the 'passato remoto indicativo' (past absolute indicative).
   In the sentence above the 'trapassato remoto' is in a subordinate
   clause introduced by "dopo che" and is dependent on the past absolute
   "scrissi".

<u>Ti tiene a braccetto</u>: he is arm in arm with you.

<u>Ci si faceva buona compagnia</u>: we kept each other good company.

Paola (guardando un'altra foto): E questa bambina tutta imbacuccata,
   in mezzo ai cumuli di neve, chi è?

Carolyne (ridendo): Sono io quando avevo undici anni.
   Abitavamo a Winnipeg, a quel tempo,
   e l'inverno bisognava sempre coprirsi come degli orsi polari
   per non rimanere gelati.
   Mi mettevo il cappotto pesante, i pantaloni,
   gli stivaloni, i guanti,
   il berretto di pelliccia e il passamontagna.
   Con trenta gradi sottozero era un'impresa uscire di casa.
   Non ci si poteva fermare a giocare con le palle di neve
   e guai a levarsi i guanti e il berretto!
   Si rischiava di farsi congelare il naso, le orecchie e le dita.
   Anche il fiato si raggelava sulle labbra.
   Quando mia madre scattò questa foto,
   la neve era caduta di fresco
   e le spalatrici l'avevano accumulata ai lati delle strade
   formando delle muraglie di quattro e più metri.
   Quel giorno, dopo che fui tornata da scuola,
   scrissi nel mio diario che da grande
   sarei andata ad abitare nei paesi caldi,
   e non sarei mai più tornata nel Manitoba.
   E invece, eccomi qui, che rimpiango quei tempi...

Paola (scrutando un'altra foto): E qui sei ancora tu
   in costume da bagno, vero?
   E chi è quel bel ragazzo
   che ti tiene a braccetto e ti sorride?

Carolyne (arrossendo): È mio cugino Richard.
   C'era anche lui con noi,
   due anni fa, ai laghi.
   Ci si faceva buona compagnia,
   si andava a pescare insieme.

<u>Non ci vediamo da tanto tempo</u>: we have not seen each other for
a long time.
See above II. 1. "È da un'ora che aspettiamo Carlo."

<u>Va ciabattando a rispondere al telefono</u>: she shuffles along to
answer the phone.
"Ciabattare": to walk with the flapping noise of backless
slippers.

<u>Aspetti che glieLa passo subito</u>: wait, I'll put her on the phone
immediately.

<u>Danno un bel film</u>: they are showing a beautiful movie.

<u>È una cannonata</u>: it is a bit hit (a gun shot).

<u>È un film da vedersi almeno quattro volte</u>: it is a film that
should be seen at least four times. "Da" with infinitive
can indicate purpose or necessity.

<u>Un film da vecchi</u>: a movie for old people.
Used before a noun the preposition "da" can express purpose,
use, manner, time, or the quality of a person, an animal
or a thing.
Ex.: Vorrei della carta da lettere (I'd like some stationery).
Da giovane, lui andava sempre a ballare (as a young man
he always used to go dancing).
Ha combattuto da eroe (he fought like a hero).
E' un ragazzo dagli occhi azzurri (he is a blue eyed boy).
E' un cane dal pelo lungo lungo (it is a long haired dog).
See above I.3; I.4: "si tira avanti da poveri vecchi",
"un uomo dal naso aquilino, dai baffi a spazzola".

Paola (maliziosamente): E ha pescato anche te?

Carolyne: Beh, non so...
   È simpatico ma non ci vediamo da tanto tempo...
   E poi adesso sono qui in Italia.

In quel momento suona il telefono della pensione. La signora Perla,
proprietaria della pensione Canada, interrompe le faccende di cucina,
si asciuga le mani nel grembiale e va ciabattando a rispondere al
telefono.

Signora Perla: Pronto, qui è la pensione Canada.
   Con chi parlo?

Carlo: (da un telefono pubblico) Sono Carlo Pesce.
   Vorrei parlare con la signorina Carolyne Addams.
   È in casa?

Signora Perla: Sì, aspetti che glieLa passo subito.
   (Rivolta verso la terrazza) Carolyne,
   c'è un signore per te al telefono.

Carolyne: Pronto, con chi parlo?

Carlo: Sono Carlo, l'amico di Pippo.
   Ci siamo incontrati stamattina vicino a via Milano.

Carolyne: Ah sì, ora mi ricordo.
   Mi hai preso per un'americana e io mi sono arrabbiata...

Carlo: Ma adesso non sei più arrabbiata con me, vero?
   Senti, vuoi venire con me al cinema stasera?
   Al Cristallo danno un bel film di Bertolucci:
   L'ultimo tango a Parigi. È una cannonata.
   Tutti i miei amici che l'hanno visto mi hanno detto
   che è un film da vedersi almeno quattro volte...

Carolyne: Dev'essere un film da vecchi se ballano il tango.
   Io preferisco la musica disco o il punk rock.

Ti piace ballare?: do you like dancing?

    Notice the construction of the verb "piacere".

    Ex.: Mi piace la pizza (pizza pleases me/I like pizza).

        Mi piacciono gli spaghetti (spaghetti pleases me/I like spaghetti).

        Le piace nuotare (swimming pleases her/she likes swimming).

Un localino fantastico: a fantastic spot.

    "Localino": charming little spot. The suffix "-ino"

conveys the idea of something small and pretty.

Le canzoni in voga: popular songs.

    "Voga": fashion, mood, disposition.

    Ex.: È una voga che passerà presto (it is a fashion that

        will quickly pass).

        Non mi sento in voga di farlo (I don't feel in the

        mood to do it).

È sempre pieno come un uovo: it is always chock full (lit. full like an egg).

Fare a spintoni per entrarci: to shove one's way in.

Si balla stretti stretti come tante sardine: one dances squeezed tight,

    like sardines.

Carlo: Ah, <u>ti piace ballare?</u>

Benissimo, allora ti porto

in <u>un localino fantastico</u> che conosco io

dove suonano tutte <u>le canzoni in voga.</u>

È una discoteca aperta da poco,

che ha degli effetti straordinari di suoni e colori:

sembra di essere nel bel mezzo

di un vulcano in eruzione.

C'è un'enorme luce rossa che ti acceca quando entri,

e sulle pareti proiettano scene

di villaggi sommersi dalla lava:

senti gente che grida,

vedi facce stravolte...

Insomma è un ambiente bellissimo,

<u>è sempre pieno come un uovo</u>

e bisogna <u>fare a spintoni per entrarci</u>

e <u>si balla stretti stretti come tante sardine.</u>

III. 6

<u>Vuol dire che sarà per un'altra volta</u>: this means that it will

be for another time (we will do something another time).

<u>Era quel seccatore di Carlo Pesce</u>: it was that bore of Carlo Pesce.

<u>Vuole che vada a ballare con lui</u>: he wants me to go out dancing with him.

"Vada" is present subjunctive, 3rd p.s. of "andare", after a verb

of command ("vuole").

<u>Non hai proprio motivo di sentirti malinconica</u>: you have really no

reason to feel sad.

<u>Con tutti i mosconi che ti ronzano intorno</u>: with all the large flies

that buzz around you (with all the men who are interested in you,

humorous expression).

<u>Li avessi io</u>: I wish I had them (all those suitors).

"Avessi" is imperfect subjunctive, 1st p.s. of "avere", to

express a wish in the present whose fulfilment seems unlikely.

See above III. 2: "Se solo riuscissi a trattenermi un po'

quando mangio."

Carolyne: Mi dispace molto Carlo,
     ma ho promesso a Pippo
     che sarei andata
     a prendere il gelato con lui dopo cena.

Carlo (deluso): Che peccato!
     Non sai che bella musica ti perdi,
     per non parlare della compagnia.
     Vuol dire che sarà per un'altra volta.
     Arrivederci a presto.

Carolyne (tornando alla sua amica): Figurati
     che era quel seccatore di Carlo Pesce,
     l'amico di Pippo, di cui ti parlavo prima.
     L'ho appena incontrato
     e già vuole che vada a ballare con lui.
     Ma io stasera esco con Pippo.

Paola (sospirando con invidia): Vedi
     che non hai proprio motivo di sentirti malinconica
     con tutti i mosconi che ti ronzano intorno.
     Li avessi io!

Intanto Carlo va dalla cassiera di un bar, compra un altro gettone
telefonico, ritorna nella cabina telefonica, inserisce il gettone
nell'apparecchio e forma un numero.

Carlo: Pronto Jaqueline, tesoro, sei tu?
     Sono Carlo, il tuo Carletto
     che pensa sempre a te notte e giorno.
     Vieni con me stasera a vedere
     L'ultimo tango a Parigi? È una cannonata...

Nomenclatura

Colori

nomi di colore: blu, arancione (orange), rosso (red), giallo (yellow), indaco
(indigo), violetto (violet), grigio (grey), bianco (white), nero
(black), verde (green), marrone (brown).

toni del blu: azzurro/celeste (pale blue), turchese (turquoise blue),
turchino (dark blue), blu notte (very deep blue), blue pavone
(peacock blue, very bright blue).

toni del rosso: rosa (pink), rosa incarnato (deep pink, like flesh),
vermiglio (vermillion, intense red), scarlatto (scarlet,
bright red), porpora (purple, deep red close to violet),
rosso fragola (strawberry red), rosso geranio (geranium red),
rosso rubino (ruby red), rosso mattone (brick red, deep red
close to orange), ruggine (rust).

toni del giallo: paglierino (light yellow), banana, canarino (pale yellow,
like a canary), giallo oro (golden yellow), giallo limone (lemon
yellow), giallo uovo (yellow like an egg yolk).

toni del violetto: lilla (lilac), malva (mauve).

toni del grigio: grigio cenere (ash grey), grigio perla (pearl grey),
grigio fumo (smoke grey, dark grey), grigio ferro (iron grey,
very dark grey), grigio verde (grey shaded with green, colour
used for Italian army uniforms), grigio topo (mouse grey).

toni del bianco: bianco latteo (milk white), bianco candido (shining
white), bianco avorio (ivory white), bianco panna (creamy
white), bianco perla (pearl white).

toni del verde: verde acqua (water green, pale, transparent green),
verde pisello (pea green), verde smeraldo (emerald green),
verde bandiera (green as the Italian flag, very bright green),
verde bottiglia (bottle green, dark green), verde marcio
(muddy green, green mixed with brown).

toni del marrone: beige (pale brown, shaded with grey), avana (pale
brown, similar to Cuban tobacco), nocciola (hazel), cammello
(camel), caffelatte (brown mixed with white as in coffee with
milk), marrone bruciato (burnt brown, very deep brown mixed
with red), cioccolata (chocolate), caffè (coffee).

Abbigliamento

vestiti di lui: l'abito (the suit), la giacca (the jacket), i pantaloni/
i calzoni (the trousers), il cappotto (the coat), l'impermeabile
(the raincoat), il maglione (the sweater), il maglione a girocollo
(sweater with a low neck), il maglione col collo alto (turtleneck
sweater), la tasca (the pocket), il taschino (small pocket outside
or inside a garment), il panciotto (the waistcoat), il bottone
(the button), la cravatta (the tie), il polsino (the cuff),
i gemelli (the cuff-links), la camicia (the shirt), la cintura
(the belt), la scarpa (the shoe), lo stivale (the boot), il calzino
(the sock), la vestaglia (the dressing-gown), la pantofola
(the slipper), l'ombrello (the umbrella), il guanto (the glove),
la biancheria (the linen, the underwear), il pigiama (the pyjama),
le mutandine (the underpants), la maglietta (light knitted garment
worn close to the skin, vest), il fazzoletto (the handkerchief),
la sciarpa (the scarf), il cappello (the hat).

taglio della giacca: alla cacciatora (a hunting jacket made of corduroy with
large pockets at sides and back), sportiva (sportive), a un petto
(single breasted), a doppiopetto (double breasted).

parti della giacca: bavero (collar), il petto (breast), il dorso (back),
le maniche (sleeves), il risvolto (lapels), la mostra (lapels
in a different cloth from the rest of the suit), la bottoniera
(row of buttons), l'occhiello (buttonhole), la fodera (lining).

taglio dei pantaloni: a tubo (like a pipe), a campana (bell-shaped), alla
scudiera (riding breaches), alla zuava (large and short trousers,
tied just below the knees, knickerbockers), coi/senza risvolti
(with/without turnups).

parti dei pantaloni: davanti (front), fondo (bottom), culatta (seat),
cavallo (crotch).

abiti da sera: smoking (suit of black cloth, sometimes with a white or a
coloured jacket), frac/marsina (formal suit, with a jacket short
in front and with tails at the back).

<u>vestiti di lei</u>: il vestito (the dress), la giacchetta (the jacket), la gonna
(the skirt), la minigonna, la maxigonna (the short, the long skirt),
la camicetta (the blouse), il mantello (the coat), il soprabito
(the overcoat), la pelliccia (the fur coat), il cappellino
(the hat), la borsetta (the bag), il ventaglio (the fan),
la sottoveste (the slip), il reggiseno (the brassiere), le mutandine
(the knickers), le calze (the stockings).

<u>taglio del vestito</u>: accollato/scollato (with a high/low neck), attillato
(tight fitting), arricciato (gathered in folds), svasato (with
the skirt widening out towards the bottom), a campana (with a
bell-shaped skirt), largo/abbondante (large), colla vita stretta/
larga (with a tight/wide waist), coi volant (with ruffles),
a pieghe (with folds), colla martingala (with a little belt
at the back).

<u>stoffe per i vestiti</u>: alpaca (special wool long and soft), batista (cambric,
very thinly woven cloth), rigatino (cotton cloth, with minute white
and blue stripes, used for aprons), broccato (brocade), cotonina
(light cotton cloth, often printed with designs), damasco (damask),
cretonne (cotton printed with bright colours, used for upholstery
and summer dresses), feltro (felt), flanella (flannel), mussola
(muslin), organdi (very light, transparent, rigid cotton), popelin
(finely woven cloth), pettinato di lana (cloth of carded wool),
raso (satin), taffetà , tulle, velluto (velvet).

<u>fibre naturali</u>: cotone (cotton), seta (silk), lana (wool), canapa (hemp),
lino (linen), iuta (jute), rafia (raffia), amianto (asbestos).

<u>fibre artificiali/sintetiche</u>: lanital, nailon, lilion, raion, terital,
filanca, leacril, dralon, viscosa.

<u>stampati</u> (prints): a fiori (with flowers), a pallini (with dots),
a quadretti (with small squares), scozzesi (tartans).

<u>scarpe</u>: scarpe sportive, da ballo, da ginnastica (running shoes), da montagna,
da neve, da sera, scarponi (snow shoes), stivali (boots), scarpe a
punta (pointed shoes), col tacco alto/basso (with high/low heel),
col tacco a spillo (with stiletto heel), scarpe di vernice (patent
leather shoes), di cuoio (leather), di vitello (calf), di raso
(satin), di tela (cloth), colla suola di gomma (with rubber sole),
colla suola di para (with special rubber coming from the Brazilian
city of Para).

Esercizi

1. Riassumete i discorsi di Paola e di Carolyne. Perché Paola guarda con invidia l'amica? Che cosa rimpiange Carolyne?

2. Siete con un amico/un'amica e gli/le mostrate delle vostre fotografie.

3. Siete in una famosa sartoria e assistete a una sfilata di modelli per uomo e per donna.

4. Raccontate a una vostra amica i dettagli della vostra vita (dove siete nata, dove siete cresciuta, che scuole avete frequentato, dove abitavate da bambina, che cosa vi piaceva fare a 11 e a 12 anni, quando avete deciso di frequentare l'università, e che speranze avete per il futuro). L'amica ripeterà poi al resto della classe quello che le avete detto.

QUARTO DIALOGO
L'AMORE DIFFICILE

<u>Tutti prodotti genuini della casa</u>: all home made, unadulterated
   products.

<u>Quando ti sarai laureato, che impiego cercherai?</u>: when you get your
   degree, what job will you look for?
   "Ti sarai laureato" is future pefect of "laurearsi".
   The future perfect is used in dependent clauses after
   "quando, appena, finché, se" to express an action in
   the future which happens before another future action.
   In this case <u>first</u> Pippo will get his degree and <u>then</u> he
   will look for a job.

<u>Agente di borsa</u>: stockbroker.

<u>Speculare sul mercato</u>: to speculate in stocks and bonds
   (in the stock market).

<u>Farei speculazioni al rialzo, se prevedessi un aumento nel corso
dei titoli</u>: I would be bullish in the market, I would buy stocks,
   with the expectation that the market price would rise (lit. if
   I foresaw an increase in the value of stocks and bonds).
   "Se prevedessi...farei": conditional sentence with the "if" (se)
   clause in the imperfect subjunctive (prevedessi) and the result
   clause in the present conditional (farei). This construction is
   used to describe the consequences that would follow from certain
   (plausible or implausible) circumstances which are not occurring
   at present. Ex.: Se fossi te, non farei questo.

<u>Farei il ribassista, cioè realizzerei i titoli, se ritenessi che
le loro quotazioni stessero per ribassare</u>: I would be bearish, I
   would sell my stocks, if I thought that the market was going
   to fall, (lit. if I thought that their value was going to get
   lower).
   "Se ritenessi... farei... realizzerei..." conditional sentence
   describing a hypothetical situation in the present. See above
   for sequence of tenses.

Pippo e Carolyne arrivano in una gelateria del centro e si siedono ad un tavolino all'aperto. Sono le nove di sera e la gelateria è piena di gente che sorbisce il gelato dopo cena e guarda le persone che passeggiano. Dopo pochi minuti arriva un cameriere.

Cameriere (rivolto a Pippo e a Carolyne):
    I signori desiderano?

Pippo: Che gelati avete stasera?

Cameriere: Abbiamo gelati di tutti i gusti:
    alla fragola, al lampone, alla crema chantilly,
    al caffè, al cioccolato, al limone,
    tutti prodotti genuini della casa.

Carolyne: Io vorrei una coppa mista
    di fragola, limone e lampone.

Pippo: Per me invece un gelato
    alla crema e al cioccolato.

Cameriere (scrivendo gli ordini): Va bene signori,
    ritorno subito. (si allontana rapidamente)

Carolyne: Quando ti sarai laureato,
    che impiego cercherai?

Pippo (infervorandosi): Mi piacerebbe molto
    diventare agente di borsa
    e speculare sul mercato.
    Farei speculazioni al rialzo,
    se prevedessi un aumento nel corso dei titoli,
    e farei il ribassista, cioè realizzerei i titoli,
    se ritenessi che le loro quotazioni stessero per ribassare.

<u>Hai proprio la stoffa del giocatore d'azzardo</u>: you have the makings
of a gambler.
"Avere la stoffa di": to have the natural capacities for doing
something or behaving in a certain way.
Ex.: Lui ha la stoffa del galantuomo/dell'oratore/del pittore.

<u>Farei fare degli ottimi investimenti ai miei clienti</u>: I would get
my clients to make excellent investments.
"Fare" with infinitive and direct object has the meaning of
"to get something done" or "to get somebody to do something".
Ex.: Faccio lavare la macchina (I get the car washed).
Faccio parlare lo studente (I get the student to speak).
When "fare" with infinitive is followed by two objects, one
direct and one indirect, often the indirect object indicates
the person who performs the action of the infiniive and the
direct object is the object of the infinitive.
Ex.: Faccio fare degli investimenti ai miei clienti (I get my
clients to make investments).
Faccio mandare un pacco a Carlo (I get Charles to send a package
                                   or
                      I get a package sent to Charles).

<u>Ne otterrei delle commissioni</u>: I would be paid a commission based
on the trading which I would arrange.
"Commissione": sum to be paid to an intermediary for his help
in making a deal.

<u>Se la moneta tendesse a svalutarsi, eviterei di comprare buoni</u>
<u>del tesoro</u>: if the currency were about to be devalued, I would avoid
buying government bonds.
"Se tendesse... eviterei...": conditional clause describing a
hypothetical situation in the present. See above, IV. 1: "Farei
speculazioni... se prevedessi...", "Farei il ribassista...
se ritenessi..."

<u>Beni immobiliari</u>: real estate.
"Agenzia di beni immobiliari": real estate agency.

<u>Farei denaro a palate</u>: I would make money by the shovelful.

<u>Potrei permettermi ogni sorta di lussi</u>: I could afford all kinds
of luxuries.

<u>Batteresti a macchina</u>: you would type.
"Battere a macchina": to type.

Carolyne (divertita): <u>Hai proprio la stoffa</u>

    <u>del giocatore d'azzardo.</u>

Pippo (continuando con entusiasmo): <u>Farei fare</u>

    <u>degli ottimi investimenti ai miei clienti</u>

    e <u>ne otterrei delle commissioni.</u>

    <u>Se la moneta tendesse a svalutarsi,</u>

    <u>eviterei di comprare buoni del tesoro</u>

    e mi butterei invece sull'oro e sui <u>beni immobiliari,</u>

    cioè case e terreni.

    <u>Farei denaro a palate,</u>

    e allora <u>potrei permettermi ogni sorta di lussi:</u>

    la villa a Capri, il panfilo a Portofino,

    l'appartamento a Cortina, la macchina da corsa...

Carolyne: (interrompendolo): Mi inviteresti

    nei tuoi appartamenti e nelle tue ville?

Pippo: (baciandola sulla guancia): Ma certo carina.

    Tu mi terresti pulita la casa,

    o le case, dovrei dire,

    mi cucineresti dei buoni pranzetti,

    intratterresti gli ospiti,

    <u>batteresti a macchina</u> la mia corrispondenza privata...

<u>Una cameriera tuttofare</u>: an all purpose maid.

   "Tuttofare" is said of a maid or a secretary ready to do

   all kinds of jobs in the house or in the office.

<u>Quando sarò ritornata a Toronto, studierò bene il francese</u>: when I

   am back in Toronto, I shall study French thoroughly.

   "Sarò ritornata" is future pefect in a dependent temporal

   clause to indicate a future action which will happen before

   the main action. See above, VI. 1: "Quando ti sarai laureato,

   che impiego cercherai?".

<u>Un'interprete molto quotata</u>: a well thought of interpreter.

   "Quotazione": official value of a stock on the Stock Exchange,

   value of a person in connection with the activity he accomplishes.

   Ex.: Un attore la cui quotazione è piuttosto in ribasso.

<u>Farei vita mondana</u>: I would mingle with high society.

   "Mondano": worldly, frivolous, belonging to high society.

   Ex.: Piaceri mondani e non celesti. Quell'uomo è molto mondano e

   passa da una festa all'altra.

<u>E io che ci farei in tutto questo</u>: and what would be my place in all

   these plans? (lit. and what would I do in the middle of all this?).

Carolyne (ridendo verde): Ma tu cerchi

una cameriera tuttofare, non una compagna!

Pippo: Ma tu piuttosto

che progetti hai per il futuro?

Carolyne (con voce sognante): Quando sarò ritornata a Toronto

studierò bene il francese, il russo e lo spagnolo.

Mi piacerebbe diventare un'interprete molto quotata.

Riceverei richieste

per far la traduzione simultanea

in tutte le parti del mondo.

Tutte le agenzie

si contenderebbero i miei servizi.

Andrei a congressi internazionali,

tradurrei discorsi importanti e altamente specializzati,

farei vita mondana

e incontrerei uomini famosi e affascinanti...

Pippo: E io che ci farei in tutto questo?

<u>Tu mi seguiresti dovunque io andassi</u>: you would follow me wherever I went.
"Dovunque io andassi": relative clause with a subjunctive verb (andassi)
because it is dependent on a relative indefinite (dovunque). The
subjunctive "andassi" is in the imperfect tense because it depends on
a present conditional "seguiresti" which, in this case, has the value
of a past tense.

<u>In lettiga, in portantina</u>: by litter, by sedan-chair. Means of transportation
in Italian are introduced by preposition "in".
Ex.: Viaggio molto in aereo. Vado in autobus fino all'università
ogni giorno.

<u>Un cagnolino da salotto</u>: a lap dog (lit. a dog for a sitting room).

<u>Rendere pan per focaccia</u>: to give tit for tat (lit. to give back bread
in exchange for tart).
<u>Am</u>: (onomatopoeic) it imitates the noise of someone who is eating
voraciously.

<u>Sono ingrassata di quattro chili da quando sono in Italia</u>: I have gained
four kilos since I came to Italy.
"Ingrassare di peso": to increase in size.
"Ingrassare di uno/due/tre... chili": to increase by one/two/three kilos.
"Dimagrire di peso, dimagrire di uno/due/tre chili": to lose weight,
to lose one/two/three kilos.

<u>Una cuoca sopraffina</u>: a superfine cook, an excellent cook.
"Sopraffino": excellent, refined extraordinary.
Ex.: Pranzo sopraffino, astuzia sopraffina.

<u>Che ne diresti di andare a fare una passeggiata</u>: how would you feel
(lit. what would you say) about going for a walk?
"Fare una passeggiata": to take a walk.
"Andare a fare una passeggiata": to go for a walk (lit. to go
to take a walk).
Ex.: Stiamo facendo una bella passeggiata (action in progress).
Vuoi che andiamo a fare una passeggiata? (action planned for
the future).

Carolyne: Tu mi seguiresti dovunque io andassi,
   in aereo, in treno, in panfilo, in autobus,
   in bicicletta, in lettiga, in portantina...
   Ci si vedrebbe tra un congresso e l'altro...

Pippo (indispettito): Ma tu mi prendi
   per un cagnolino da salotto!

Carolyne (ridendo): Caro, scherzavo:
   ti ho voluto rendere pan per focaccia.

In quel momento arriva il cameriere coi gelati.

Cameriere: I signori son serviti. Ecco i gelati.

I due cominciano a mangiare i loro gelati. Pippo divora ghiottamente il suo.

Pippo (tra un boccone e l'altro): Am, che buono!
   Certo che quando sono con te,
   qualsiasi gelato mi sembrerebbe divino.
   Hai un sorriso così dolce,
   degli occhi così limpidi e profondi,
   una voce così delicata e commovente...
   Cameriere, un altro crema e cioccolato per favore,
   anzi, ci metta doppia crema Chantilly in cima.
   E tu, Carolyne, ne vuoi un altro?

Carolyne: No grazie, Pippo.
   Lo sai che sto cercando di dimagrire.
   Sono ingrassata di quattro chili
   da quando sono in Italia,
   con tutta la pasta che mangio in pensione.
   Ieri le lasagne, l'altro ieri i manicotti,
   oggi gli spaghetti alla carbonara, domani le penne all'arrabbiata.
   La signora della mia pensione è una cuoca sopraffina,
   ma io devo cercare di perdere qualche chilo,
   se no, non entro più nei miei vestiti.

Arriva il cameriere con il gelato di Pippo. Pippo paga subito il conto
e dà al cameriere una buona mancia.

Pippo (divorando il secondo gelato): Ma no, che stai benissimo.
   Hai una figuretta meravigliosa.
   Mi piaci tanto così.
   Senti, che ne diresti
   di andare a fare una passeggiata nel parco qui vicino?

<u>Facciamo un po' di esercizio</u>: we take some exercise.

<u>Camminare fa bene alla linea</u>: walking is good for the figure.

<u>Hai voglia di venire</u>: do you feel like coming?
   "Voglia": wish, craving, longing.
   "Avere voglia di" with infinitive: to feel like doing something.

<u>Mascalzone, come osi</u>: you scoundrel, how dare you!

<u>Ci conosciamo appena da un mese</u>: we have known each other for only
   a month.
   "Ci conosciamo da": present indicative used for an action which
   begins in the past and continues in the present.
   See II. 1: "E` da un'ora che aspettiamo Carlo" and III. 4: "Non ci
   vediamo da tanto tempo".

<u>Sembravi così a modo</u>: you seemed such a nice, respectable person.
   "A modo/perbene": nice, well behaved, honest, respectable.
   Ex.: Lui è una persona perbene, a modo.

<u>Postacci malfamati</u>: disreputable dumps.
   "Postaccio": dirty, shabby place. The suffix "-accio" conveys
   the meaning of something bad, nasty, dirty. The suffixes "-ino/-etto"
   convey the meaning of something nice, small, pretty, sweet. The
   suffix "-one" conveys the meaning of something big.

<u>Macchè</u>: what do you mean... (Expression that denotes strong opposition
   or negation).
   Ex.: Macchè teatri e divertimenti! Devi lavorare! (This is no time
   for theatres and amusements! You must work!)

<u>Giardino d'inverno</u>: winter garden. Large room with glass walls and
   plants, found in luxury hotels and villas.

<u>Prenotare una camera matrimoniale</u>: to book a room with a double bed.
   "Matrimoniale": which pertains to marriage.
   Ex. Anello matrimoniale (wedding ring). Letto matrimoniale
   (double bed).

Carolyne: Ottima idea,
   così facciamo un po' di esercizio
   prima di andare a dormire,
   e poi camminare fa bene alla linea.

Più tardi i due sono seduti su una panchina del parco, teneramente
allacciati.

Pippo: Senti Carolyne,
   hai voglia di venire con me in albergo stasera?

Carolyne: Come in un albergo? E perchè?
   Io abito in un'ottima pensione
   e non ho nessuna intenzione di traslocare.

Pippo: Ma no, volevo sapere
   se volevi passare la notte con me.
   Così si stava un po' insieme.
   Ci si conosceva meglio.

Carolyne: Mascalzone, come osi!
   Ci conosciamo appena da un mese
   e già pensi a portarmi a letto.
   Sembravi così a modo, così serio,
   e invece guarda che proposte mi fai.
   Ma io sono una ragazza seria,
   una ragazza che di sera non va
   in certi postacci malfamati...

Pippo: Macché postacci.
   Io volevo portarti nel migliore albergo della città,
   con bar, piscina, salone per ricevimenti,
   terrazza panoramica, giardino d'inverno, ristorante gastronomico,
   e intendevo prenotare una camera matrimoniale
   con bagno, doccia, telefono,
   aria condizionata, televisione a colori,
   e salottino antistante.

<u>Sai benissimo quello che voglio dire</u>: You know very well what I mean.

    "Voler dire": to mean.

    Ex.: Oggi fa molto freddo. Vuol dire che non usciremo di casa.

    (Today it is very cold. This means we shall not go out of the house.)

<u>Una poco di buono</u>: a slut.

    "Essere un/una poco di buono": to be a scoundrel, a rascal, a slut.

<u>Ho perso la testa</u>: I have lost my head.

<u>Avrò mangiato troppi gelati</u>: I must have eaten too many ice creams.

    "Avrò mangiato": future pefect of "mangiare" to indicate

    probability in the past. See II. 2: "Avrà trovato qualche amico."

Carolyne: Non divagare.

Sai benissimo quello che voglio dire.

Se la pensi così

e vieni con me solo per divertirti,

allora non mi resta che salutarti

e augurarti buona fortuna

colla tua prossima ragazza (comincia a piangere).

Voi italiani siete tutti gli stessi;

quando vedete una straniera

la trattate sempre

come una poco di buono ih, ih, ih...

Pippo: Ma no, scusami Carolyne.

Stasera con questa bella luna

ho perso la testa.

Forse avrò mangiato troppi gelati.

Vieni, ti riaccompagno a casa.

Non parliamone più.

Nomenclatura

Borsa (Stock Exchange)

Listino dei prezzi (daily stock quotations), azioni (shares), azionista (shareholder), buoni/titoli (bonds), buoni del tesoro (government bonds), mercato fiacco, sostenuto, oscillante (a slack, firm, oscillating stock market), agente di borsa (stock broker), mediatore (agent), borsista (speculator), andamento della borsa (course of the market), apertura/ chiusura del mercato (opening/closing time of the market), crollo dei prezzi (slump), quotazione (quotation), negoziazione (negotiation).

Alberghi

Albergo (hotel), pensione (boarding house), autostello (motel), albergo della gioventù (youth hostel), campeggio (camping).

Albergo di prima, seconda, terza, quarta categoria (first/second/third/fourth class hotel), lussuoso (luxurious), di infima categoria (of the lowest class), affollato (crowded), semivuoto (half empty), ben frequentato (well frequented), equivoco (of dubious reputation), comodo/accogliente (comfortable), scomodo (uncomfortable).

Direttore (director), proprietario (owner), centralino (telephone operator), portiere di notte (night porter), cameriere (waiter), maitre, segretario (secretary), fattorino (messenger boy), cuoco (cook), sguattero (cook's helper), lavapiatti (dishwasher), receptionist.

Camera singola/doppia/matrimoniale (room with a single bed, with two beds, with a double bed), con telefono (with phone), con aria condizionata (with air conditioning), con bagno (with bathroom), con doccia (with shower).

Il Gioco delle Carriere

Questionario

1. Le piace avere molta libertà quando esegue un incarico o fa un lavoro?

2. Le piace essere un/una capogruppo?

3. Le piace finire un lavoro prima di iniziarne un altro?

4. In generale Le piace collaborare a un progetto con altre persone?

5. Le piace lavorare su dei progetti da solo/a?

6. Tiene in ordine le Sue cose?

7. Le piace scrivere storie o poesie?

8. Le piacerebbe vendere una varietà di cose, che vanno da affitti di case ad annunci sui giornali?

9. Lei fa dei piani accurati prima di incominciare a fare qualcosa?

10. I rapporti sociali sono molto importanti per Lei?

11. Le piacerebbe fare dei progetti di ricerche?

12. Le piace seguire accuratamente le istruzioni che Le danno?

13. È consapevole dei Suoi sentimenti e dà loro importanza?

14. Lei solitamente guarda il lato buono delle cose?

15. Le piace costruire oggetti e ripararli?

16. Lei sa spiegare chiaramente le cose agli altri?

17. Quando apprende qualcosa di nuovo, cerca spesso di scoprirne qualcosa di più?

18. Pensa di avere abilità per i lavori di ufficio?

19. Le piace creare delle cose, per esempio inventare dei congegni o disegnare dei manifesti pubblicitari?

20. Si considera una persona ambiziosa?

Based upon material extracted from Jobs For Your Future, used with the permission of Bridging the Gap.

21. Si sente a disagio quando è oggetto di attenzione da parte di molte persone?

22. Sa discutere argomenti delicati con delle persone, senza offendere i loro sentimenti?

23. Le piacerebbe lavorare in un laboratorio scientifico?

24. Quando fa un progetto o un lavoro, lo fa con cura, un poco alla volta?

25. Pensa di avere abilità musicale, artistica o drammatica?

26. Le piace parlare davanti a un gruppo di persone?

27. Le piace lavorare con utensili e macchinari?

28. È capace di aiutare le persone che sono preoccupate e confuse?

29. Legge riviste o libri scientifici?

30. Le piacerebbe preparare lettere e relazioni scritte?

31. Quando Le viene assegnato un progetto o un incarico, Le piace eseguirlo in modo diverso dalla maggioranza delle altre persone?

32. Lei è il tipo di persona a cui piace fare nuove esperienze?

33. Si considera una persona pratica?

34. Sa ascoltare gli altri con pazienza?

35. Le piace cercare di risolvere quesiti matematici o problemi di scacchi?

36. Lei mette a posto i Suoi fogli, le Sue schede e i Suoi libri in maniera organizzata?

37. Lei esprime le Sue emozioni con facilità?

38. Pensa di saper vendere un'idea o un prodotto?

39. Prende sovente parte a eventi sportivi o atletici?

40. Fa facilmente la conoscenza di persone nuove?

41. Approfondisce gli argomenti discussi per soddisfare la Sua curiosità o per risolvere dei problemi?

Based upon material extracted from Jobs For Your Future, used with the permission of "Bridging the Gap."

42. Lei si considera una persona più calma che emotiva?

43. Lei è fondamentalmente una persona indipendente?

44. Sa far valere il Suo punto di vista nelle discussioni?

45. Pensa di avere abilità meccanica?

46. Le piace dare informazioni ad altre persone?

47. Preferisce scoprire le cose da solo/a, piuttosto che basarsi sulle opinioni altrui?

48. Le piacerebbe fare un lavoro in cui deve far funzionare un calcolatore o un'altra macchina da ufficio?

49. Lei ha una buona immaginazione?

50. Le interesserebbe organizzare un club o un altro gruppo?

51. Preferisce lavorare a un progetto piuttosto che frequentare delle persone?

52. Si considera una persona generosa?

53. Lei è una persona più riflessiva che emotiva?

54. Le piace lavorare coi numeri?

55. Sa disegnare, inventare o creare cose nuove?

56. Ha mai pensato a mettersi in commercio in proprio?

57. Le piace far lavori manuali, come riparare le tubature, aggiustare la macchina da cucire o mettere della carta da parati nuova alle pareti di casa?

58. Le piace occuparsi delle persone quando sono malate?

59. Ha delle attitudini per la matematica?

60. Quando Le danno un incarico, Le piace farlo il meglio possibile?

Based upon material extracted from <u>Jobs For Your Future</u>, used with the permission of Bridging the Gap.

Come segnare il punteggio del questionario

Il casellario sottostante contiene 60 quadretti, uno per ognuna delle domande a cui avete appena risposto. Per ogni domanda a cui avete risposto di sì, mettete una X nel quadretto corrispondente. Per esempio, se avete risposto "Sì" alla domanda 29, dovete mettere una X nel quadretto 29. A lavoro ultimato contate il numero di X in ciascuna riga, e scrivete il totale nello spazio a destra. Le righe che hanno il numero maggiore di X rappresentano le vostre aree di maggiore interesse. Se trovate che per voi certe aree di interesse predominano sulle altre, cercate delle occupazioni che abbiano a che fare con questi interessi. Se invece scoprite che tutte le aree hanno su per giù lo stesso interesse per voi, allora avete una scelta più vasta di carriere, e potete decidervi in base al salario che vi offrono o all'ambiente in cui lavorerete.

TOTALE

1	7	13	19	25	31	37	43	49	55	(A)	
2	8	14	20	26	32	38	44	50	56	(E)	
3	9	15	21	27	33	39	45	51	57	(P)	
4	10	16	22	28	34	40	46	52	58	(S)	
5	11	17	23	29	35	41	47	53	59	(I)	
6	12	18	24	30	36	42	48	54	60	(O)	

Based upon material extracted from Jobs For Your Future, used with the permission of Bridging the Gap.

Linea A: <u>Artistica</u>. Le piacciono la musica, l'arte, il dramma, e le attività letterarie. Lei è una persona creativa, che non ama le regole e le strutture e che mostra le Sue emozioni più apertamente della maggioranza.

Linea E: <u>Provvista di iniziativa</u>. Le piacciono le vendite, la direzione e l'organizzazione degli affari. Le interessano il potere e la posizione sociale, e sa usare le Sue abilità verbali per influenzare gli altri e controllarli.

Linea P: <u>Pratica</u>. Lei preferisce dedicarsi a progetti specifici piuttosto che trattare con le persone. Quando incontra dei problemi Lei vuole delle soluzioni concrete e le mette alla prova per vedere se funzionano. Lei si sente a disagio se ha a che fare solo con problemi teorici.

Linea S: <u>Sociale</u>. Le piace essere con altre persone e aiutarle, o fare dei lavori che richiedono l'intervento di altre persone. Lei cerca dei rapporti stretti con le persone e delle buone relazioni sociali. Lei probabilmente non si sente soddisfatto/a quando deve lavorare da solo/a o deve fare dei lavori fisici.

Linea I: <u>Investigativa</u>. Le piace lavorare su progetti. Lei analizza le idee e le esamina a fondo. Preferisce fare un lavoro indipendente. Preferisce lasciare che gli altri persuadano la gente ad accettare le Sue idee.

Linea O: <u>Ordinata</u>. Le piace tenere le cose in ordine, riempire formulari e stendere relazioni di natura economica e commerciale. Le piace occuparsi dei dettagli di una questione. Lei ha un buon autocontrollo e Le interessano il potere, la posizione sociale e i programmi ben strutturati.

Based upon material extracted from <u>Jobs For Your Future</u>, used with the permission of Bridging the Gap.

Cariere per la linea A (Artistica)

Aiuto fotografo (photographer's helper)
Architetto/a (architect)
Artista commerciale (commercial artist)
Attore/attrice (actor/actress)
Compositore/compositrice di musica (music composer)
Coreografo/a (choreographer)
Corrispondente di un giornale (reporter)
Decoratore/decoratrice di interni (interior designer)
Direttore/direttrice della pubblicità (advertising manager)
Disegnatore/disegnatrice (draftsman)
Economista (economist)
Fotografo/a (photographer)
Indossatore/indossatrice (model)
Insegnante (teacher)
Intagliatore/intagliatrice (carver)
Modellista (fashion designer)
Musicista/cantante (musician/singer)
Operatore/operatrice di attrezzature audiovisive (audio/video equipment operator)
Operatore televisivo/operatrice televisiva (television camera operator)
Pellicciaio/a (furrier)
Pittore/pittrice di insegne (sign writer)
Produttore/produttrice (producer)
Redattore/redattrice (editor)
Regista cinematografico/a (motion picture director)
Regista radiotelevisivo/a (broadcasting director)
Scrittore/scrittrice (writer)
Scultore/scultrice (sculptor/sculptress)
Traduttore/traduttrice (translator)

Based upon material extracted from Jobs For Your Future, used with the permission of Bridging the Gap.

Carriere per la linea E (Provvista di iniziativa)

Agente immobiliare (real estate agent)
Analista di ricerche di mercato (market research analyst)
Analista di sistemi (systems analyst)
Annunciatore/annunciatrice (announcer)
Avvocato/avvocatessa (lawyer)
Banditore/banditrice di aste (auctioneer)
Capo del personale/impiegato addetto alle vendite (personnel manager/clerk)
Commesso/a di negozio (sales clerk)
Compratore/compratrice al dettaglio (retail buyer)
Direttore/direttrice delle vendite (sales manager)
Direttore/direttrice di museo (museum curator)
Direttore/direttrice di scena (stage manager)
Dirigente (manager)
Esperto/a della contabilità (financial officer)
Guida turistica (travel guide)
Hostess/steward di aerei (flight attendant)
Ingegnere (engineer)
Ispettore/ispettrice di assicurazione (insurance inspector)
Rappresentante di commercio (commercial traveller)
Venditore/venditrice (vendor)

Based upon material extracted from Jobs For Your Future, used with the permission of Bridging the Gap.

Carriere per la linea P (Pratica)

Addetto/a alla manutenzione (maintenance person)
Aiuto geometra (surveyor's helper)
Applicatore/applicatrice di muri a secco (dry wall applicator)
Autista di carri a rimorchio (tractor trailer driver)
Barbiere/a, parrucchiere/a (barber, hairdresser)
Benzinaio/a (service station attendant)
Cameriere/a (waiter/waitress)
Camionista (truck driver)
Capo cuoco/a (chef)
Compositore/compositrice tipografico/a (typesetter)
Conducente di autobus (bus driver)
Contadino/a, bracciante (farm worker)
Cuoco/a (cook)
Derrista (derrick worker)
Donna/uomo delle pulizie (cleaner)
Ebanista/mobiliere (cabinet maker)
Elettricista (electrician)
Fabbricatore/fabbricatrice di attrezzi e stampi (tool and die maker)
Fattore/fattora (farmer)
Fattorino/a (delivery person)
Fornaciaio/a (furnace operator)
Geometra (surveyor)
Gioielliere/a (jeweller)
Governante (housekeeper)
Guardia di sicurezza (security guard)
Guardia forestale (forester)
Idraulico/a (plumber)
Imbianchino/a (painter, decorator)
Impiegato/a delle poste (postal clerk)
Intonacatore/intonacatrice (plasterer)
Macchinista di locomotiva (locomotive engineer)
Manovale (construction labourer)
Meccanico/a di aeroplani (aircraft mechanic)
Meccanico/a di veicoli a motore (motor vehicle mechanic)
Minatore/minatrice (miner)
Muratore (bricklayer)
Muratore conciatetti (roofer)

Based upon material extracted from Jobs For Your Future, used with the
permission of Bridging the Gap.

Carriere per la linea P (Pratica)   Continua

Operaio/a che ripara le carrozzerie (auto body repairer)
Operaio/a in una legatoria (bindery worker)
Operaio/a montatore/montatrice (assembler)
Operatore/operatrice di macchinario pesante (heavy equipment operator)
Orologiaio/a (watch maker)
Pescatore/pescatrice (fisherman, fisherwoman)
Piastrellista (tile setter)
Poliziotto/a (policeman, policewoman)
Postino/a (letter carrier)
Proiezionista (projectionist)
Pulitore/pulitrice a secco (dry cleaner)
Ragazzo/a d'albergo (bellhop, porter)
Rifinitore/rifinitrice di cemento (concrete finisher)
Saldatore/saldatrice (welder)
Sarto/a (tailor, dressmaker)
Sguattero/a (kitchen helper)
Tappezziere/a (upholsterer)
Tassista (taxi driver)
Tecnico/a della radio e T.V. (radio and T.V. technician)
Tornitore/tornitrice (lather)
Trivellatore/trivellatrice (driller)
Vetraio/a (glazier)

Based upon material extracted from Jobs For Your Future, used with the permission of Bridging the Gap.

Carriere per la linea S (Sociale)

Aiuto-infermiera/e (nurse's aid)
Assistente dentario/a (dental assistant)
Attivista nella comunità (community organization worker)
Barista (bartender)
Bibliotecario/a (librarian)
Cassiere/a (cashier)
Consigliere/a (counsellor)
Dietologo/a (dietician)
Fisioterapista (physiotherapist)
Infermiera/e diplomata/o (nurse)
Insegnante (teacher)
Inserviente di ospedale (orderly)
Istruttore/istruttrice di guida (auto driving instructor)
Istruttore/istruttrice di volo (flying instructor)
Psicologo/a (psychologist)
Psicoterapista (psychotherapist)
Religioso/a (minister, priest, rabbi, nun, friar)
Sociologo/a (sociologist)
Sorvegliante di condannati in libertà provvisoria (parole/probation officer)
Storico/a (historian)
Terapista del linguaggio (speech therapist)

Based upon material extracted from Jobs For Your Future, used with the permission of Bridging the Gap.

Carriere per la linea I (Investigativa)

Agronomo/a (agriculturalist)
Antropologo/a (anthropologist)
Attuario/a (actuary)
Biologo/a (biologist)
Chimico/a (chemist)
Dottore/dottoressa (doctor)
Esperto/a di statistica (statistician)
Farmacista (pharmacist)
Fisico/a (physicist)
Geografo/a (geographer)
Geologo/a (geologist)
Impiegato/a in un ufficio legale (law clerk)
Ingegnere/a (engineer)
Matematico/a (mathematician)
Operatore/operatrice di calcolatori elettronici (computer operator)
Optometrista (optometrist)
Orticultore/orticultrice (horticulturalist)
Pilota di aerei (pilot)
Programmatore/programmatrice di calcolatori elettronici (computer programmer)
Psicologo/a sperimentale (experimental psychologist)
Psicometra (psychometrist)
Riparatore/riparatrice di macchine fotografiche (camera repairer)
Riparatore/riparatrice di strumenti (instrument repairer)
Tassidermista (taxidermist)
Tecnico/a geologico/a (geological technician)
Tecnico/a elettronico/a (electronic technician)
Tecnico/a di laboratorio chimico (chemical laboratory technician)
Tecnico/a di laboratorio medico (medical-laboratory technologist)
Urbanista (town planner)

Based upon material extracted from Jobs For Your Future, used with the permission of Bridging the Gap.

Carriere per la lineo 0 (Ordinata)

Agente di viaggio (travel agent)
Analista di metodi e procedure (methods and procedures analyst)
Analista di organizzazioni (organizational analyst)
Cassiere/a di banca (bank teller)
Centralino/a telefonico/a (switchboard operator)
Dattilografo/a (typist)
Esperto/a di credito bancario (credit officer)
Fatturista (invoice clerk)
Impiegato/a addetto/a alla codificazione (coding clerk)
Impiegato/a contabile (accounting clerk)
Impiegato/a d'albergo (hotel clerk)
Impiegato/a di biblioteca (library clerk)
Impiegato/a di ufficio (office clerk)
Impiegato/a incaricato/a delle finanze (finance clerk)
Impiegato/a perforatore/perforatrice (key punch operator)
Magazziniere/a (stock clerk)
Operatore/operatrice di macchine contabili (business machine operator)
Operatore/operatrice di macchine per cucire (sewing machine operator)
Ragioniere/a (accountant)
Receptionist
Schedatore/schedatrice, schedarista (files clerk)
Segretario/a (secretary)
Stenografo/a (stenographer)

Based upon material extracted from Jobs For Your Future, used with the permission of Bridging the Gap.

QUINTO DIALOGO
QUATTRO SALTI IN DISCOTECA

Ballano al ritmo di una musica indiavolata: they dance to the rythm of very lively music.
   "Indiavolato": possessed by the devil, violent, excessive, very lively.
   Ex.: un rumore indiavolato, una ragazza indiavolata (che non sta mai ferma, che fa mille cose allo stesso tempo), un caldo indiavolato.

Compiendo mille giravolte: performing a thousand twists and turns.

Mi stavi sempre dietro: you were always after me (you were courting me).
   "Stare dietro a qualcuno" can also mean: to keep a close watch on someone.
   Ex.: Lei sta dietro a sua sorella.

Per delle settimane di seguito: for weeks on end.
   "Di seguito/di fila": one after the other.
   Ex.: Non ho dormito per tre giorni di fila/filati/di seguito.

Sei nelle nuvole (hai la testa nelle nuvole): you have your head in the clouds, you are absent-minded.
   "Cascare dalle nuvole": to be surprised.
   Ex.: Casco dalle nuvole a sentire questo, non sapevo nulla di tutto ciò.

Trasalisci: you are startled.

Non rispondi a tono: you answer a question other than the one I have asked (lit. you do not answer in tune).
   "Tono": tone, tune, accent, style, manner.
   Ex.: Toni alti, acuti (high pitched tones).
   Lui parla con un tono basso (he speaks with a deep voice).
   Lei parla con un tono insolente (she speaks with an insolent manner).
   Quel colore ha un tono caldo (that colour has a warm shade).
   Una lettera di tono amichevole (a letter written in a friendly style).

Carlo e Jaqueline sono alla discoteca Vulcano. Ballano al ritmo
di una musica indiavolata, compiendo mille giravolte e facendo
complicate evoluzioni.

Jaqueline (risentita): Io non ti capisco proprio.

    Prima mi telefonavi ogni minuto

    e mi stavi sempre dietro.

    Adesso non ti fai vivo

    per delle settimane di seguito

    e quando usciamo sei sempre nelle nuvole

    e manco mi guardi in faccia.

    Quando ti parlo trasalisci, balbetti

    e non rispondi a tono.

    Insomma che ti succede?

Mi rompo la testa sui libri: I am racking my brains on books.

See also with the same meaning "scervellarsi su un problema

difficile."

Tutto il santo giorno: all day long (lit. all the blessed day).

See also: "fammi il santo piacere di andartene" (do me the

favour of clearing out), "santa pazienza!" (holy patience!),

"lo picchia di santa ragione" (he beats him up black and blue).

In these familiar contexts the adjective "santo" is used

euphemistically to mean the opposite.

Imparare a memoria: to learn by heart.

Cogliendo la palla al balzo: seizing the opportunity (lit. catching

the ball on the bounce).

A proposito dell'inglese: by the way, speaking of English.

Beh, non c'è male!: well, she is not bad!

"Beh!" is an exclamation which expresses hesitation.

Sviare il discorso: to change the subject of conversation.

"Sviare": to turn aside, to switch, to lead astray, to divert.

Ex.: Lui svia il colpo (he turns aside the blow).

La cattiva compagnia lo ha sviato (bad company has led him astray).

Io svio l'attenzione del pubblico (I divert the attention of the public).

Carlo (un po' confuso): Devi capirmi.

    Ho tanti esami da preparare

    per la sessione di febbraio:

    Italiano, Inglese, Filologia Romanza, Storia Moderna.

    <u>Mi rompo la testa sui libri</u>

    <u>tutto il santo giorno</u>

    e anche quando non studio

    sono ossessionato dai nomi e dalle date

    che devo <u>imparare a memoria.</u>

Jaqueline (<u>cogliendo la palla al banzo</u>): <u>A proposito dell'inglese</u>

    o piuttosto delle inglesi,

    ti ho intravisto stamattina con Pippo e Carolyne,

    all'angolo di via Milano,

    che parlavi animatamente e sorridevi.

    Che ne pensi di quella bella ragazza?

Carlo (sempre più confuso): <u>Beh, non c'è male!</u>

    Però secondo me

    è troppo grassa e troppo alta,

    e poi sai che preferisco le brune come te...

    (Continua cercando di <u>sviare il discorso</u>).

    Comunque Carolyne non è inglese,

    è americana, cioè canadese di Toronto.

Jaqueline: Ma allora abita proprio

    dove si trova tuo zio Giovanni,

    quello che fa il rappresentante di dolci in Canada.

<u>Se la cava benino col francese</u>: he manages to speak French fairly well.
"Cavarsela": to get out of a difficulty.
Ex. Era una situazione difficile ma se l'è cavata.

<u>Con la sua solita faccia tosta</u>: with his usual cheek/impudence.
"Tosto" is from Latin "tostum," past participle of "torrere"
(to dry up).
This adjective has come to mean in Italian "an impudent, hard
man" and is mainly found in the expression "avere la faccia
tosta."

<u>Ha fatto finta di saperlo benissimo</u>: he pretended he knew it very well.
"Fare finta di/fingere di" with infinitive: to pretend to do
something.

<u>Masticava appena qualche parola</u>: he knew only a few words (lit. he
chewed).
"Masticare una lingua": to know a little of a language.

<u>Furbo com'è</u>: shrewd as he is (with his usual shrewdness).

<u>Ha pescato una ragazza francese</u>: he picked up a French girl (lit. he
fished out).
"Ha pescato quell'indirizzo dall'elenco telefonico": he picked that
address from the phone book.

<u>Ha imparato con lei più di quello che non abbia imparato io</u>: he learnt
with her more than I learnt.
"Abbia imparato": present perfect subjunctive, 1st p.s., of "imparare",
in a comparative clause introduced by "di quello che non".

<u>Ho l'impressione che tu preferisca l'inglese al francese</u>: I am under
the impression that you like English better than French.
"Preferisca" is present subjunctive, 2nd p.s., of "preferire",
after a verb of thinking (ho l'impressione che).
"Preferire una cosa a un'altra": to like one think better than
another.

Carlo: No, zio Giovanni è nella parte francese del Canada,

nel Quebec, a Montreal.

Lui l'inglese lo parla malissimo,

mentre se la cava benino col francese.

Quando la ditta Fini cercava

un rappresentante per il Quebec,

ha chiesto a mio zio

se sapeva parlare il francese.

Lui, con la sua solita faccia tosta,

ha fatto finta di saperlo benissimo;

invece non lo aveva mai studiato

e masticava appena qualche parola.

Ma, furbo com'è,

ha pescato da qualche parte una ragazza francese

e in un mese e mezzo ha imparato con lei

più di quello che non abbia imparato io

in due anni si scuola.

Naturalmente mi sono rifatto poi con te, cara...

Jaqueline (asciutta): Grazie.

Però adesso ho l'impressione

che tu preferisca l'inglese al francese.

Lascia che ti racconti: let me tell you.
  "Racconti" is present subjunctive, 1st p.s., after a verb of
  allowing (lascia).
  See II. 3: "lascia che ti spieghi".

C'era una volta: once upon a time there was... (traditional
  beginning of fairy tales).

Non aveva nessuno che lo comprendesse e con cui potesse sfogarsi:
  He had no one who understood him and with whom he could give
  vent to his feelings.
  "Comprendesse" and "potesse" are imperfect subjunctives, 3rd p.s.,
  after a negative antecedent (non aveva nessuno che). The
  subjunctive is in the imperfect tense because it depends on
  a past indicative (aveva).
  In the present tense the sentence would assume the following
  structure: "Non ha nessuno che lo comprenda e con cui possa
  sfogarsi."

Intavolò una conversazione animata: he started an animated conversation.
  "Intavolare": to put on the table. Usually used figuratively in the
  meaning of: to start, to broach, to open.
  Ex.: Lui intavola le trattative/un discorso.

Quella era la ragazza che faceva al caso suo: that was the girl who
  was suitable for him.
  "Caso": chance, incident, possibility. "Fare al caso": to meet the
  occasion, to be suitable.

Non doveva lasciarsela scappare: he must not let her slip through
  her fingers (lit. he must not let her run away).

Incominciò a farle una corte serrata: he began courting her persistently
  (lit. he began paying her a tight courtship).
  "Serrato" (past participle of "serrare"): locked, closed, thick,
  compact, tight.

Aveva altre cose per la testa: she had other things on her mind.

Carlo (conciliante): Ma cara,
  lo sai bene che io penso solo a te!
  Lascia che ti racconti una favola moderna,
  e vediamo se indovini
  chi sono i personaggi principali.
  C'era una volta un giovane
  che era sempre triste
  perché era solo e incompreso,
  e non aveva nessuno che lo comprendesse
  e con cui potesse sfogarsi.
  Un giorno lui incontrò per caso
  una bellissima ragazza
  dai capelli neri e dagli occhi verdi,
  e si sentì subito attratto verso di lei.
  Dopo essersi fatto presentare alla bella.
  lui intavolò una conversazione animata con lei
  e si accorse dopo pochi minuti
  che quella era la ragazza
  che faceva al caso suo
  e che non doveva lasciarsela scappare.
  Detto fatto,
  incominciò subito a farle una corte serrata,
  ma la ragazza non si curava di lui
  e aveva altre cose per la testa.
  Finalmente, dopo che lui
  la ebbe corteggiata per un mese,
  lei fu vinta dall'amore costante del ragazzo
  e a sua volta si innamorò di lui.
  Conclusione della favola:
  i due vissero felici e contenti
  per il resto della loro vita.

Benché la mamma le avesse raccomandato di starsene tranquilla a casa:
  though her mother had warned her to stay quietly at home.
  "Avesse raccomandato" is past perfect subjunctive, 3rd p.s. of
  "raccomandare", in a clause dependent on a concessive
  preposition (benché, sebbene, malgrado).
  The subjunctive is in the past pefect tense because it depends on
  a past indicative (uscì).
  Cp. Esce benché la mamma le abbia raccomandato/le raccomandi di
  starsene a casa.
  Uscì benché la mamma le raccomandasse/le avesse raccomandato di
  starsene a casa.
  A main verb in the present, future or imperative is followed by
  the present or present perfect subjunctive.
  A main verb in the past is followed by the imperfect or past
  perfect subjunctive.
  See above V. 4: "Non aveva nessuno che lo comprendesse e con cui
  potesse sfogarsi".

Chissà che non riesca a catturare quella gallina: who knows, I might
  capture that hen.
  "Riesca" is present subjunctive, 1st p.s. of "riuscire", after
  the expression "chissà che non".
  See II. 2: "Chissà che non" sia Carlo."

Un piatto prelibato: an exquisite dish.

Con fare galante: with an attentive manner.
  "Galante": erotic, attentive to women, amorous, polite, ceremonious.
  "Avventura galante, versi galanti, maniere galanti": amorous
  adventure, verses, manners.

Le fece un mucchio di complimenti: he paid her a lot of compliments.

Le promise mari e monti: he made her wild promises (lit. he promised
  her seas and mountains).

Se la portò di peso nella tana: he carried her away into his lair.
  "Levare/portare via di peso": to lift up/to carry away bodily.

Senza che lei protestasse: without her protesting.
  "Protestasse" is imperfect subjunctive, 3rd p.s. of "protestare",
  in a dependent clause of privation introduced by "senza che".
  The main verb is the past indicative "portò".
  Cp. Se la porta di peso nella tana, senza che lei protesti.

Ahimè: alas (expression of sorrow). See also "Ohimè! Povero/a me!",
  with similar meaning.

Jaqueline (amara): Sì, Sì, lascia

che ti racconti io un'altra favola,

non così rosea come la tua.

C'era una volta una gallinella bianca e ingenua,

che un giorno uscì dal pollaio

in cerca di avventure,

benché la mamma le avesse raccomandato

di starsene tranquilla a casa.

Passò di lì una volpe furbissima che,

come ebbe visto la gallinella,

disse tra sé: "Chissà che non riesca

a catturare quella stupida gallina

e a chiuderla nella mia tana

insieme a tutte le altre cho ho già preso.

Mi procurerei davvero un piatto prelibato.

La volpe si avvicinò alla gallinella

con fare galante,

le fece un mucchio di complimenti,

le promise mari e monti,

insomma le fece perdere la testa

e se la portò di peso nella tana,

senza che lei protestasse.

Quando la gallinella vide le altre galline

rinchiuse nella tana,

si accorse di essere caduta in trappola,

ma ahimè era troppo tardi!

Fare a turno: to take turns.

Furbacchione: a person who is very shrewd.
    For the same meaning see also "volpone" and "persona che la sa lunga".

Ad ogni morte di papa: very rarely (lit. at every pope's death).

Mettersi in salvo: to put oneself in safety.
    For a similar meaning see also "mettersi al sicuro."

Menare per il naso: to lead by the nose.

Dei Don Giovanni da strapazzo: some third rate Don Juans.
    "Strapazzo": rough usage, common use, fatigue, excess.
    "Da strapazzo": of little value, that can be used roughly.
    Ex.: Abiti da strapazzo (working clothes).
    Poeta da strapazzo (poet of little value).

Ti metti in testa delle stupidaggini: you believe some stupid things.
    See also "ficcarsi in testa": to be convinced, to believe firmly.

I miei studi indefessi mi scombussolano il cervello: I am all
    confused by my unceasing studies.
    "Scombussolare": to cause chaos/confusion, to confuse.

Quella volpe così romantica alle apparenze,

in verità era un terribile egoista e...

la povera gallinella dovette accontentarsi

di fare a turno colle altre galline

per uscire con quel furbacchione,

che le telefonava ad ogni morte di papa

per portarla a ballare.

Carlo: Sono piuttosto confuso

dal finale della storia.

Da quando in qua le galline

vanno a ballare con le volpi,

invece di mettersi in salvo nel pollaio?

Jaqueline: Da quando ci sono

delle ragazze stupide come me

che si lasciano menare per il naso

da dei Don Giovanni da strapazzo come te.

Carlo: Ma ti assicuro

che ti metti in testa delle stupidaggini.

Io non sono un don Giovanni

e penso solo a te.

Se ho l'aria frastornata e distratta

è perché i miei studi indefessi

mi scombussolano il cervello.

Quel barbagianni del mio professore: that fool of my professor
    (lit. that white owl...)

Ha il pallino della strategia militare: he is obsessed with
    military strategy.
    "Avere il pallino di qualche cosa": to have a hobby, a fixed
    idea about something. To have a natural talent for something.
    Ex.: Lei ha il pallino della pulizia (she is obsessed with
    cleanliness).
    Lui ha il pallino della matematica (he has a knack for math).

Com'erano schierati i reggimenti: how his regiments were drawn up.

Chi ha dato per primo l'ordine della ritirata: who gave first the signal
    for retreating.

Anche lui è un pignolo da non dirsi: he too is incredibly fussy.
    "Da non dirsi": that cannot be said, cannot be explained.

Vuol che gli studenti imparino a memoria vita, morte e miracoli
di tutti gli scrittori dell'Ottocento: he wants the students to
    learn by heart all the details of the life of all nineteenth
    century writers.
    "Imparino" is present subjunctive, 3rd p.p., in dependent clause
    after verb of command (vuol).
    "L'Ottocento": the nineteenth century. In referring to centuries
    from the 13th to the 20th, Italian often uses the following
    expressions: il Duecento, il Trecento etc... il Novecento,
    in which the hundreds contained in the date refer to the whole
    date. For instance, "il Duecento" (the two hundred) refers to the
    whole period from 1200 to 1299.

C'è quel barbagianni

del mio professore di storia

che ha il pallino della strategia militare

e vuol che sappiamo esattamente

come e dove sono state combattute

tutte le battaglie di Napoleone Bonaparte,

com'erano schierati i reggimenti,

chi ha dato per primo

l'ordine della ritirata,

quanti sono morti sul campo di battaglia.

In quanto al mio professore di italiano

anche lui è un pignolo da non dirsi.

Vuol che gli studenti imparino a memoria

vita, morte e miracoli

di tutti gli scrittori dell'Ottocento...

Jaqueline (ridendo): Basta, basta, mi hai convinta.

Vedo che hai proprio gli esami per la testa.

Però dopo gli esami non ammetto più scuse.

Mi devi portar fuori a ballare per un mese filato.

Nomenclatura

Per gli animali domestici

Pollo (chicken), gallina (hen), gallo (rooster), pulcino (chick), pollaio (hen-coop), pecora (sheep), montone (ram), agnello (lamb), ovile (sheepfold), maiale (pig), scrofa (sow), porcellino (piglet), porcile (pigsty), capra (goat), caprone (billy goat), capretto (kid), cavallo (horse), cavalla (mare), puledro (foal), scuderia (stable for horses), stalla (stable for oxen), bue (ox), mucca/vacca (cow), vitello (calf), toro (bull), tacchino (turkey), oca (goose), papero (duck), coniglio (rabbit), asino (donkey), mulo (mule), cane (dog), gatto (cat), piccione (pigeon).

Per gli animali selvatici

Volpe (fox), tigre (tiger), leone (lion), zebra (zebra), elefante (elephant), pavone (peacock), pantera (panther), orso (bear), giaguaro (jaguar), iena (hyaena), lupo (wolf), renna (reindeer), cinghiale (boar), cervo (deer), capriolo (roebuck), lontra (otter), lepre (hare), martora (marten), allodola (lark), tordo (thrush), quaglia (quail), merlo (blackbird), gufo (owl), tortora (turtledove), colomba (dove), passero (sparrow), fringuello (chaffinch), aquila (eagle), falco (hawk), avvoltoio (vulture), nido (nest), tana (den).

Per raccontare una favola

Re (king), regina (queen), principe/essa (prince/ess), ministro (minister), sudditi (subjects), mago (wizard), strega (witch), fata (fairy), incantesimo (spell), filtro (potion), bacchetta magica (magic wand), stregare (to bewitch), castello (castle), palazzo (palace), torre (tower), prigione (prison), imprigionare qualcuno (to throw someone in prison), liberare (to free), sciogliere l'incantesimo (to break the spell), c'era una volta (once upon a time there was...), e così vissero felici e contenti (and they lived happily ever after).

Esercizi

1. Spiegate perché Jaqueline è arrabbiata con Carlo e in che modo Carlo
   si giustifica con lei.

2. Raccontate al vostro vicino che esami state preparando e quali corsi
   seguite, e il vicino lo riferirà poi al resto della classe.

3. Dividetevi in due o più gruppi e inventate una storia, servendovi
   delle parole presenti nella Nomenclatura, e usando come esempio le
   due storielline del dialogo. Poi ogni gruppo racconti agli altri la
   propria storia, nel modo più drammatico possibile.

SESTO DIALOGO
UN'AVVENTURA IN TRENO

<u>Una ragazza per bene</u>: a respectable girl. L'opposto è "una poco
   di buono", "una ragazza di facili costumi, leggera, immorale ecc..."

<u>Dovunque io vada, con qualunque ragazzo io esca</u>: wherever I go, with
   whatever boy I go out.
   "Vada" e "esca" sono presenti congiuntivi, 1ª p.s., in proposizioni
   dipendenti introdotte da relativi indefiniti (dovunque, qualunque).
   Altre espressioni indefinite che possono essere seguite dal congiuntivo
   sono: "qualunque cosa", "per quanto", "chiunque", "comunque", "in
   qualunque modo".

<u>In fondo, in fondo</u>: deep down/fundamentally.

<u>Scapestrati</u>: dissolute/libertine.

<u>Devi prendere la vita più alla leggera e non farne una tragedia</u>:
   you must take life more lightly and not make a tragedy of it.
   "Alla leggera": thoughtlessly, in a carefree manner.
   Es.: Non bisogna agire così alla leggera.

<u>Bisogna che prima vada in banca</u>: I must go to the bank first.
   "Vada" è presente congiuntivo, 1ª p.s., in una proposizione
   dipendente da un'espressione impersonale (bisogna).

<u>Sono rimasta al verde</u>: I am broke.
   Altre espressioni con significato simile sono: "sono in assoluta
   miseria", "non ho un centesimo in tasca", "non ho il becco di un
   quattrino".

<u>Carolyne fa la coda davanti a uno sportello</u>: Carolyne lines up in front
   of a window/cage (of the bank).
   "Sportello": small door, ticket window, door of a car/coach/railway
   carriage.
   Ex.: Lui sbattè lo sportello della macchina e partì a tutta velocità.

È mattina presto. Nel vestibolo della pensione Canada, Carolyne
parla al telefono con la sua amica Paola e le racconta le sue
disavventure serali con Pippo.

Carolyne (concludendo il racconto): E così, come vedi,
    una ragazza per bene non può fidarsi proprio
    di nessun ragazzo qui in Italia.
    Dovunque io vada,
    con qualunque ragazzo io esca,
    mi finisce sempre male.
    Me lo diceva mia madre che gli uomini italiani,
    anche quelli dall'aspetto più serio,
    in fondo in fondo sono solo degli scapestrati.

Paola: Ma no! Tu esageri.
    Il povero Pippo ha perso la testa per un momento
    e poi si è subito scusato.
    Devi prendere la vita più alla leggera
    e non farne una tragedia.
    Senti, perché non vieni
    con me a Viareggio questo pomeriggio
    a trovare mia cugina che abita lì?
    Prendiamo il rapido delle 15,30
    e siamo lì in un batter d'occhio.
    Viareggio ha una spiaggia di sabbia molto estesa
    e una bellissima pineta.

Carolyne: Tu mi tenti proprio.
    Però bisogna che prima vada in banca
    perché sono rimasta al verde.

Paola: Va bene. Allora facciamo così.
    Incontriamoci a mezzogiorno
    davanti all'entrata della banca
    e di lì proseguiamo poi insieme per la stazione.
    Più tardi in banca,
    Carolyne fa la coda davanti a uno sportello
    per incassare un assegno piuttosto grosso.

<u>Devo telegrafare a mio padre che faccia un altro versamento</u>
<u>sul mio conto</u>: I must cable my father to make another deposit
   to my bank account.
   "Faccia" è presente congiuntivo, 3a p.s., in una proposizione
   dipendente da verbo di comando (telegrafare).

<u>Sono nei guai</u>: I am in trouble.

<u>Non appena possibile</u>: as soon as possible.

<u>Due biglietti di 1ª classe per Viareggio, andata e ritorno,</u>
<u>con supplemento rapido</u>: two 1st class return tickets for Viareggio,
   with the supplement for the rapid train. In Italia ci sono vari
   tipi di treni. Ci sono i <u>rapidi</u>, che si fermano in pochissime
   stazioni, e sono velocissimi. Questi treni hanno spesso solo
   carrozze di prima classe, e richiedono la prenotazione del posto,
   e il pagamento di un supplemento speciale, appunto il supplemento
   rapido. Ci sono poi i <u>direttissimi</u>, che sono abbastanza veloci,
   i <u>diretti</u> che sono più <u>lenti</u>, e gli <u>accelerati</u> che si fermano in
   tutte le stazioni, comprese quelle più secondarie.

<u>Il binario del treno</u>: the track of the train.

<u>Mamma mia, che tirata!</u>: my goodness, what a rush!
   "Tirata" (dal verbo "tirare"): a tug, a job completed in a single
   go without any interruption.
   Ex.: Lui dà una tirata alla corda.
   Abbiamo fatto tutta una tirata per arrivare qui in tempo.

Carolyne (sospirando, rivolta a Paola): Con l'inflazione che

    c'è adesso in Italia

    tutto è così caro

    che non mi basta più il denaro

    che ho depositato in banca

    al mio arrivo qui.

    Devo telegrafare a mio padre

    che faccia un altro versamento sul mio conto,

    se no sono nei guai

    colla padrona della pensione.

Paola: Su, non pensare a questo adesso.

    Bisogna che corriamo alla stazione

    non appena possibile,

    altrimenti perdiamo il treno.

Le due ragazze, uscite dalla banca, si pricipitano in stazione, vanno alla
biglietteria, comprano due biglietti di 1ª classe per Viareggio, andata e
ritorno, con supplemento rapido. Il treno è in stazione e sta per partire.
Le ragazze fanno di corsa le scale del sottopassaggio, raggiungono appena in
tempo il binario del treno, salgono sull'ultimo vagone e si siedono col fiato
grosso in uno scompartimento vuoto.

Carolyne (ansimando): Mamma mia, che tirata!

Paola: Comunque ce l'abbiamo fatta

    e adesso possiamo rilassarci.

Ma dopo mezz'ora il treno rallenta e si ferma in aperta campagna.

<u>Siamo partiti in perfetto orario</u>: we left in pefect time

    (lit. in perfect time-table).

<u>Dare la precedenza</u>: to give way.

   "Diritto di precedenza": right of way. In Italia le automobili

   danno la precedenza al traffico che proviene da destra.

<u>Fare uno sciopero a singhiozzo</u>: to go on a wild cat strike

    (lit. a sob strike).

<u>Credo che tu abbia ragione</u>: I think you are right.

   "Abbia" è presente congiuntivo, 2ª p.s., in una proposizione

   dipendente da un verbo di pensare, credere (credo).

<u>I ferrovieri si erano messi improvvisamente in sciopero</u>:

   railway employees had suddenly begun a strike.

<u>Meno male</u>: thank goodness/fortunately.

<u>L'ha scampata bella</u>: he had a narrow escape.

Carolyne: Chissa perché si è fermato.
    Sarà successo qualcosa.
    Eppure siamo partiti in perfetto orario.

Paola: Forse il nostro treno
    deve dare la precedenza
    a qualche treno internazionale
    che è in ritardo.

Le due amiche aspettano per un quarto d'ora con preoccupazione sempre crescente.

Carolyne: Sai cosa ti dico, Paola.
    Forse i ferrovieri hanno deciso
    di fare uno sciopero a singhiozzo
    e noi ci siamo cadute
    proprio nel bel mezzo.

Paola: Credo che tu abbia ragione.
    Figurati che due settimane fa
    mio zio doveva ritornare in treno da Milano
    e non sapeva come fare
    perché i ferrovieri di Milano
    si erano messi improvvisamente in sciopero.
    Meno male che c'era un macchinista
    che abitava dalle nostre parti
    e che non aveva nessuna intenzione
    di pernottare a Milano,
    e così mio zio è ritornato
    colla sua locomotiva.
    Ma l'ha scampata bella.

Improvvisamente, con uno scatto repentino, il treno riprende a correre. Si sente nello stesso tempo un urlo nello scompartimento vicino. Le due ragazze si precipitano a vedere quello che è successo e vedono una povera vecchina in ginocchio sul pavimento, che gronda sangue dal naso.

<u>Ahi, ahi che male!</u>: ouch, it hurts!
"Ah", "Ahi", "Ohi" sono espressioni di dolore fisico e morale.

<u>Facendosi in quattro</u>: doing his utmost (lit. working like four persons).

<u>Lo avvolga perché non le goccioli tutto addosso</u>: wrap it up so that it
does not drip all over her.
"Goccioli" è presente congiuntivo, 3ª p.s., in una proposizione
dipendente finale. Le proposizioni dipendenti finali col
congiuntivo sono introdotte spesso dalle congiunzioni "affinché"
e "perché."

<u>Bisogna che avvisi l'autoambulanza che si tengano pronti a</u>
<u>portare la signora al pronto soccorso</u>: I must warn the ambulance to
be ready to take the lady to the hospital emergency section.
"Avvisi" è presente congiuntivo, 1ª p.s., in una proposizione
dipendente da un'espressione impersonale (bisogna).
"Tengano" è presente congiuntivo, 3ª p.p., in una proposizione
dipendente da un verbo di comando (avvisi).

<u>Benché Lei commetta un'imprudenza</u>: although you are committing an
imprudence.
"Commetta" è presente congiuntivo, 3ª p.s., in una proposizione
dipendente concessiva. Le proposizioni concessive col
congiuntivo sono introdotte spesso dalle congiunzioni "benché",
"sebbene", "nonostante".

<u>Le manderò qualcuno del personale ferroviario che La aiuti e</u>
<u>che stenda il verbale dell'accaduto</u>: I shall send you a member of
the railway personnel to help you and to make a report of what
happened.
"Aiuti" e "stenda" sono presenti congiuntivi, 3ª p.s., in
proposizioni relative finali introdotte dal pronome relativo
"che".

La vecchia signora: Ahi, ahi che male!
    Sono scivolata quando il treno è ripartito
    e ho battuto il naso
    contro il sedile.

Paola: Oh poveretta!
    si sdrai sul sedile
    e tenga la testa rovesciata indietro
    per fermare il sangue
    (l'aiuta a sdraiarsi).

Passa in quel momento nel corridoio della vettura il venditore con il carrello
dei panini e delle bibite. Carolyne lo ferma e gli parla.

Carolyne: Senta, è successo un incidente
    a questa povera signora
    che ha battuto il naso.
    Mi può dare per favore
    un po' di ghiaccio
    per fermarle il sangue?

Il venditore (facendosi in quattro):
    Ecco, prenda, prenda.
    Lo avvolga in questo sacchetto di plastica
    perché non le goccioli tutto addosso.

Arriva il controllore che si impressiona molto nel vedere quella scena.

Controllore: Oddio! Che è successo?

Paola gli spiega l'accaduto.

Controllore: Bisogna che faccia fermare il treno
    alla prossima stazione
    e che avvisi l'autoambulanza
    che si tengano pronti
    a portare la signora al pronto soccorso.

La vecchia signora (gemendo):
    No, no, non voglio scendere lì,
    devo andare a Viareggio.
    La mia famiglia mi aspetta all'arrivo,
    e siamo già in ritardo.

Controllore: Signora, non posso obbligarLa a scendere,
    benché Lei commetta un'imprudenza
    a non medicarsi subito.
    Comunque nel trattempo
    Le manderò qualcuno del personale ferroviario
    che La aiuti
    e che stenda il verbale dell'accaduto.

<u>Non dubito che sia una brava persona</u>: I do not doubt that he is a decent person.
   "Sia" è presente congiuntivo, 3ª p.s., in proposizione dipendente da un verbo di dubitare.

<u>Penso che abbia anche paura che la signora faccia causa alla ferrovia</u>
<u>per l'infortunio subito</u>: I think that he is also afraid that the lady may sue the railway company for her accident.
   "Abbia" è presente congiuntivo, 3ª p.s., in una proposizione dipendente da un verbo di credere, pensare.
   "Faccia" è presente congiuntivo, 3ª p.s., in una proposizione dipendente da un verbo di emozione (abbia paura).

<u>Si dà tanto da fare</u>: he busies himself so much.

<u>Quanto io sia egoista</u>: how selfish I am.
   "Sia" è presente congiuntivo, 1ª p.s., in una interrogativa indiretta.
Le interrogative indirette sono di solito introdotte da "se", "come", "perché", "chi", "dove", "quanto", ecc...

<u>Da ora in poi</u>: from now on.

<u>Sono contenta che tu la pensi così</u>: I am glad you think so.
   "Pensi" è presente congiuntivo, 2ª p.s., in una proposizione dipendente da un verbo di emozione.

<u>Temevo che tu non ne volessi più sapere dei miei consigli</u>: I was afraid you had had enough of my advice.
   "Non volerne sapere di qualcosa" significa "disinteressarsene", "non volerci avere a che fare".
   "Volessi" è imperfetto congiuntivo, 2ª p.s., in una proposizione dipendente da un verbo di emozione.

<u>Prima che sia troppo tardi</u>: before it is too late.
   "Sia" è congiuntivo presente, 3ª p.s., in una proposizione temporale introdotta da "prima che".

Carolyne (all'amica): Com'è gentile
    e servizievole il controllore!

Paola (a voce bassa): Non dubito
    che sia una brava persona,
    ma penso che abbia anche paura
    che la signora faccia causa alla ferrovia
    per l'infortunio subìto.
    Perciò si dà tanto da fare.

La vecchia signora continua il viaggio per Viareggio, aiutata dalle due
ragazze e da un'impiegata delle ferrovie, sopraggiunta in seguito
all'intervento del controllore. Dopo venti minuti il treno arriva a
Viareggio. Due uomini della ferrovia aiutano la signora a scendere dalla
vettura e la accompagnano a un'autoambulanza, che la aspetta davanti alla
stazione.

Carolyne (a Paola): Ripensando a quello
    che ci è successo in treno,
    devo concludere che hai ragione tu
    quando dici che me la prendo troppo
    per delle sciocchezze.
    L'incidente capitato a quella povera signora
    mi ha fatto capire
    quanto io sia egoista
    con le mie piccole preoccupazioni.
    Da ora in poi
    penserò più agli altri
    e meno a me stessa.

Paola: Sono propria contenta
    che tu la pensi così.
    Dopo un viaggio del genere,
    temevo che tu non ne volessi più sapere
    dei miei consigli.
    E adesso andiamo da mia cugina
    prima che sia troppo tardi
    per farle visita.

Nomenclatura

La Banca

Aprire/chiudere un conto in banca (to open/close a bank account), essere scoperto (to be overdrawn), emettere un assegno a vuoto (to issue a bad cheque, to write a N.S.F. check), vaglia (money order), cambiale (promissory note), cassa di risparmio (savings-bank), libretto di assegni (chequebook), assegni per viaggiatori (travellers cheques), riscuotere un assegno (to cash a cheque), fare un versamento (to make a deposit), fare un prelievo (to make a withdrawal), cassetta di sicurezza (safety deposit), cambio (rate of exchange), succursale (branch).

La Stazione

Il treno, il binario (the track), il marciapiede della stazione (the railway platform), la pensilina (the roof over the platform), il sottopassaggio (the underground passage), il vagone (the railway car), lo scompartimento (the compartment), il portabagagli di uno scompartimento (the overhead luggage rack in a compartment), la valigia (the suitcase), il baule (the trunk), la borsa (the bag), la borsetta (the handbag), il finestrino (the window of a train), lo sportello (the door of a train), il sedile (the seat), la biglietteria (the ticket office), un biglietto di andata e ritorno (a return ticket), il biglietto valido/scaduto (a valid/expired ticket), il deposito bagagli (the baggage room), lo scontrino (the stub), il collo (the piece of luggage).

Esercizi

1. Riassumete il contenuto del dialogo. Di che cosa si lamenta Carolyne, quando parla al telefono con Paola? Che cosa le consiglia di fare Paola? Cosa fa Carolyne in banca? Come va il viaggio delle due ragazze?

2. Parlate delle vostre esperienze sui treni canadesi ed eventualmente sui treni italiani (se siete stati in Italia).

3. Dividete la classe in due o più gruppi e immaginate una scenetta all'ufficio informazioni della stazione. Due o più viaggiatori vogliono sapere quando partono i vari treni, da quale binario partono, quanto tempo ci mettono. Alcuni viaggiatori vogliono anche sapere qual è il treno più veloce che li può portare a una certa destinazione (sarebbe opportuno distribuire in classe degli orari ferroviari che gli studenti possano consultare).

4. Fate una scenetta all'ufficio turistico della stazione. Alcuni viaggiatori sono appena arrivati e cercano un albergo o una pensione per la notte (sarebbe bene avere delle guide turistiche, anche in inglese, da distribuire tra i vari gruppi, per aiutarli a fare questa scenetta). Quanto costano le camere? Che tipo di albergo è? Dove si trova? Come si arriva all'albergo?

SETTIMO DIALOGO
I FIGLI, CHE PREOCCUPAZIONE!

VII. 1

A cuore aperto: sinceramente

Tenere a freno: guidare con energia un animale, reprimendone gli
   scatti/moderare il comportamento di una persona.

Ne combinano una: fanno un guaio, un pasticcio.

Mi tengono in pena: mi danno preoccupazioni.

Senza dirmi niente... dopo aver passato... fuorchè mangiare, bere
e andare a spasso... invece di studiare... oltre a non far niente:
   le preposizioni "senza", "dopo", "fuorchè", "invece di" e
   "oltre a" sono seguite dall'infinito senza articolo.
   "Dopo" è sempre seguita dall'infinito passato.

Fare orecchi da mercante: fare finta di non sentire, come i
   negozianti che sentono solo quello che torna a loro vantaggio.

La vita del Michelasso: in italiano esiste il detto "fare la vita
   del Michelasso, mangiare, bere e andare a spasso". Si dice in
   particolare di chi non lavora o non ne ha voglia.

Non essere né carne né pesce: si dice di una persona o di una cosa
   che non è ben definita e caratterizzata e che quindi rassomiglia
   a un cibo che non si riesce a definire facilmente. In questo caso
   si riferisce al fatto che Luisa non è più una bambina e non è
   ancora una persona adulta.

Capelloni: ragazzi che portano i capelli molto più lunghi del normale,
   per distinguersi dagli altri o per protestare contro la società in
   cui vivono.

Marinare la scuola: non frequentare la scuola, perdere la lezione o la
   classe. "Marinare" significa mettere aceto o vino su un cibo per
   conservarlo. Quindi in questa espressione idiomatica "marinare la
   scuola" significa metterla da parte, come se fosse un cibo che non
   si consuma subito.

Sono le prime ore del pomeriggio. Squilla il telefono in casa Pesce.
Sandra Pesce arriva in fretta dalla cucina, dove ha appena finito di
lavare i piatti. Si asciuga le mani insaponate nel grembiule e solleva
il ricevitore.

Sandra: Pronto, chi parla?

Emilia Bolla: Pronto Sandra, sei tu? Qui parla Emilia.
    Ti telefono per sapere come stai
    e come vanno le cose coi tuoi figli.

Sandra: Ciao Emilia. Che piacere sentire la tua voce!
    Volevo proprio telefonarti per avere un tuo consiglio.
    Posso parlarti a cuore aperto?

Emilia: Ma certo. Le amiche servono proprio a sfogarsi un po'.
    Se non ci aiutiamo l'un l'altra, chi ci aiuta?

Sandra: Ah Emilia, se sapessi
    quanti pensieri mi danno i miei figli!
    Io non so più come tenerli a freno.
    Ogni giorno ne combinano una
    e mi tengono in pena.
    Carlo lo conosci ormai.
    Cambia ragazza ogni mese
    e non ha un briciolo di senso di responsabilità.
    Di giorno esce senza dirmi niente.
    Ritorna a ore tardissime la notte,
    dopo aver passato la serata con chissà chi.
    Se cerco di parlargli, fa orecchi da mercante
    o si stringe nelle spalle.
    Insomma non fa altro fuorché la vita del Michelasso,
    mangiare, bere e andare a spasso,
    invece di studiare o di lavorare.
    E dire che ha vent'anni suonati!

Emilia: Certo che questo non è il modo di comportarsi!

Sandra: E oltre a non far niente lui,
    mi rovina anche la sorella.
    Luisa, che è una ragazzina di quattordici anni
    che non è né carne né pesce,
    segue l'esempio del fratello.
    Anche lei vuol andar fuori ogni sera cogli amici.
    Mi porta in casa certi capelloni che non ti dico,
    e in quanto agli studi ho l'impressione
    che marini la scuola spesso e volentieri.

Essere latte e miele: essere molto dolce e gentile di carattere.

Far vedere i sorci verdi a qualcuno: fare una brutta sorpresa a qualcuno,
spaventarlo.

Non valeva una cicca: non valeva niente. La cicca è ciò che rimane di una
sigaretta dopo che è stata fumata.

Vederla brutta: trovarsi in difficoltà.

Non c'era verso di: non c'era modo di/non era possibile.

A cercare di ragionare con lei: se cercavamo di ragionare con lei.
In questo caso la preposizione "a" con l'infinito equivale alla
protasi di un periodo ipotetico.

Non cavare un ragno da un buco: non riuscire a concludere niente/non
ottenere niente.

Fannullone: uno che non fa niente, che è sempre ozioso.

Credono che la vita sia rose e fiori: credono che la vita sia semplice,
facile, senza nessuna difficoltà.

Sudare sette camicie: fare molta fatica per ottenere qualcosa/per concludere
qualcosa.

Parlare senza peli sulla lingua: dire le cose francamente, senza
esitazioni o timori.

Emilia: Cara, come ti capisco.
  Anch'io ci sono passata di lì
  con mia figlia Adelaide, la maggiore,
  quella che ora ha due bambini.
  Adesso è tutta latte e miele,
  ma quand'era più giovane
  ci ha fatto vedere i sorci verdi.
  Figurati che a ventun anni,
  mentre era a Londra per imparare l'inglese,
  si è innamorata di un cantante rock che aveva conosciuto lì
  (uno che non valeva una cicca)
  e voleva seguire lui e la sua banda in giro per l'Inghilterra.
  Ce la siamo vista proprio brutta a quel tempo.
  Adelaide era andata a vivere con quel cantante,
  si drogava, frequentava persone della malavita,
  e non c'era verso di smuoverla di lì.
  A cercar di ragionare con lei,
  non si cavava un ragno da un buco.
  Fortunatamente, un giorno che aveva litigato col suo cantante,
  lei ha incontrato per caso in un parco di Londra
  un suo conoscente di qui, uno studente italiano anche lui in vacanza.
  Insomma da una cosa nasce l'altra.
  I due si sono rivisti, hanno simpatizzato,
  sono ritornati insieme in Italia
  e poco dopo si sono fidanzati e si sono sposati.
  Cosa vuoi, la fortuna ci ha aiutato.

Sandra (che ha già sentito quella storia mille volte):
  Sì, sì, lo so che hai avuto fortuna con Adelaide,
  ma io non posso aspettare che arrivi la milionaria australiana
  che assicuri l'avvenire di quel fannullone di mio figlio,
  o il principe azzurro che prometta a mia figlia
  l'avvenire che lei sogna.
  Loro credono che la vita sia rose e fiori
  e non capiscono che il loro padre
  suda sette camicie per mantenerli.
  E io intanto che faccio? Mi rodo di rabbia?

Emilia: Senti Sandra,
  posso parlarti senza peli sulla lingua,
  da vera amica?

Sandra: Ma sì, certo.

Sbagliando si impara: proverbio che indica l'importanza di far
  esperienza e di commettere errori, allo scopo di imparare.
  In questo caso il gerundio (sbagliando) ha la funzione di un
  complemento di mezzo ed equivale a "con" seguito dall'infinito:
  "con lo sbagliare". ("per mezzo degli sbagli").

Aiutando... trovandosi: anche in questo caso i due gerundi hanno
  la funzione di un complemento di mezzo: "con l'aiutare...",
  "col trovarsi."

Starsene in panciolle: starsene disteso a pancia all'aria, senza
  far niente.

Motivo di vergognarti... di preoccuparti: in italiano l'infinito
  può avere valore nominale ed essere preceduto da una preposizione,
  mentre l'inglese usa il gerundio in simili casi.

Persone a modo (ammodo): persone sagge, ben educate.

Fidarsi di qualcuno ad occhi chiusi: fidarsi completamente, senza
  alcuna esitazione.

Pagella: cartella o foglio sul quale si segnano i voti riportati
  da un alunno nel corso dei vari trimestri o agli esami, e
  avente valore di documento (Nicola Zingarelli, Vocabolario
  della lingua italiana, Bologna, Zanichelli, 1970, p. 1195).

Indire: stabilire pubblicamente e d'autorità (un referendum,
  un concorso ecc...) (Zingarelli, p. 847).

Emilia: Allora sentimi bene.
   In primo luogo devi smetterla
   di trattare Carlo come un bambino di cinque anni
   e di correrli dietro per ogni nonnulla.
   I giovani devono farsi le loro esperienze,
   senza l'aiuto dei genitori,
   e devono imparare a proprie spese cos'è la vita.
   Come dice il proverbio: sbagliando si impara.
   In secondo luogo Carlo dovrebbe trovarsi un lavoro,
   sia pure a mezza giornata.
   Secondo me bisognerebbe che i giovani
   imparassero a guadagnarsi il pane
   fin dai diciotto anni
   aiutando i genitori o i conoscenti nel loro lavoro,
   o magari trovandosi un impiego temporaneo
   in un negozio o in un ufficio.
   Qui in Italia si lascia che gli studenti universitari
   se ne stiano in panciolle,
   senza far niente,
   mentre all'estero chi studia
   spesso lavora duro per mantenersi all'università
   o per lo meno per pagarsi gli studi.

Sandra (cercando di interrompere l'amica): Ma Emilia, tu...

Emilia (continua implacabile): Non ho finito, Sandra.
   In quanto a tua figlia Luisa,
   ti assicuro che non hai motivo di vergognarti di lei
   o di preoccuparti per lei.
   È una brava figliola
   che vuol andare fuori a divertirsi la sera,
   come la maggior parte delle ragazze della sua età.
   I suoi amici sono tutti dei bravi ragazzi,
   gente di buona famiglia.
   Qualcuno si vestirà in maniera più bizzarra,
   si farà crescere i capelli,
   tanto per seguire la moda,
   ma sono persone a modo,
   di cui puoi fidarti a occhi chiusi.
   Li conosco bene perché li vedo spesso
   a casa di mia cugina Franca,
   quando vengono a trovare i suoi figli.
   Gli studi di Luisa, poi, mi sembra che vadano benissimo
   e penso che lei abbia sempre una pagella eccellente.
   Non è dunque marinando la scuola
   due o tre volte all'anno
   che si rovina quella ragazza.
   Anzi, ci scommetto che magari sono stati i professori a fare sciopero
   o a indire delle riunioni all'ultimo minuto
   e che perciò Luisa se ne è andata a spasso in mancanza di meglio.
   Non si può proprio criticare una ragazza come Luisa.

Mettersi dalla parte di qualcuno: ritenere valido il punto di vista di qualcuno e appoggiarlo.

Farsi la mano in qualcosa: abituarsi a qualcosa, divenirne esperto (di un lavoro).

Rabbonire: pacificare.

Prendersi la briga di: prendersi il fastidio di, assumersi la responsabilità di. Briga = noia, fastidio.

Essere una pasta d'uomo: essere un'ottima persona. "Essere tutti della stessa pasta": essere tutti dello stesso carattere, dello stesso modo di pensare.

Dare via la camicia per aiutare gli amici: essere disposto a far di tutto e a sacrificarsi in ogni modo per aiutare gli amici/essere persona molto generosa e caritatevole.

Essere di manica stretta: essere severo, essere rigido, non fare concessioni. Il contrario si dice "essere di manica larga": concedere, lasciar passar facilmente, essere indulgente, comprensivo.

Patema d'animo: stato di paura, di ansietà.

Dare corda a qualcuno: concedere a qualcuno libertà di azione. Questa espressione idiomatica forse si riferisce all'atto di allentare o sciogliere la corda a cui sovente vengono legati gli animali domestici.

Fare i propri comodi: fare ciò che torna utile a se stesso senza preoccuparsi degli altri.

Darle tutte vinte a qualcuno: accontentare sempre qualcuno, non negargli mai nulla (detto di un bambino viziato).

Essere in vena di: essere pronto a fare o accettare qualcosa.

Chi fa da sé, fa per tre: chi agisce in maniera indipendente, senza ricorrere agli altri, fa il lavoro di tre persone, cioè ottiene i migliori risultati.

<u>Sandra</u> (arrabbiata): Allora <u>tu ti metti dalla parte di Luisa</u>
   e attribuisci a me la responsabilità
   del comportamento di Carlo.
   I figli non hanno mai nessuna colpa,
   i colpevoli sono sempre i genitori.
   Questa proprio non me l'aspettavo da te.
   Bell'amica che sei!

<u>Emilia</u> (sorridendo): Non prendertela così.
   Forse ho esagerato nel difendere Luisa,
   ma in quanto a Carlo
   sono sicura che lavorare gli farebbe bene.
   Perchè non lo mandi nell'ufficio di mio marito
   ad aiutarlo a schedare le sue carte?
   Sarebbe una buona occasione
   perchè Carlo <u>si facesse la mano nei lavori di ufficio.</u>

<u>Sandra</u> (<u>rabbonita</u>): Quasi quasi non sarebbe una cattiva idea.
   Ma sei sicura che tuo marito
   voglia <u>prendersi la briga</u>
   di tenere in ufficio un tomo come Carlo?

<u>Emilia</u>: Non ti preoccupare.
   A mio marito ci penso io.
   E poi sai che <u>è una pasta d'uomo</u>
   e che darebbe <u>via la camicia per aiutare gli amici.</u>

<u>Sandra</u> (sospirando): Certo che i figli
   non si sa proprio come allevarli.
   Se si è di manica troppo stretta con loro,
   si ribellano, come ha fatto tua figlia Adelaide,
   e allora ci fanno venire <u>il patema d'animo.</u>
   <u>Se si dà loro corda,</u>
   se ne approfittano per <u>fare i comodi loro</u>
   e pretendono che i genitori <u>gliele diano tutte vinte</u>
   e accontentino tutti i loro capricci.

<u>Emilia</u> (concludendo): L'importante è agire, non lamentarsi.
   In questo caso i tuoi problemi si risolveranno
   quando Carlo diventerà più indipendente
   e comincerà a lavorare.
   E visto che oggi <u>sono in vena di proverbi</u>,
   te ne citerò un altro:
   <u>chi fa da sè, fa per tre.</u>
   <u>Dillo a Carlo da parte mia.</u>

Nomenclatura

<u>Per descrivere il comportamento dei genitori verso i figli.</u>

Genitori: di manica larga (easy going), di manica stretta/severi/rigorosi (strict), generosi (generous), avari (miserly), affettuosi/ amorevoli (warm-hearted), freddi (cold), indifferenti (indifferent), crudeli (cruel), all'antica (old fashioned), moderni (modern), pazienti/tolleranti (patient), impazienti/intolleranti (impatient), gentili (kind).

<u>Per descrivere il comportamento dei figli.</u>

Figli: obbedienti/disciplinati (obedient), disobbedienti/indisciplinati/ ribelli (disobedient), sottomessi (submissive), indipendenti (independent), energici (energetic), intraprendenti (enterprising), pigri (lazy), letargici (lethargic), infantili (infantile/childish), maturi (mature/adult), servizievoli (helpful), arroganti/prepotenti (insolent), egoisti (selfish), altruisti (altruistic).

Esercizi

1. Riassumete il contenuto del dialogo.

2. Dialogo tra genitori e figli. Dividetevi in gruppi di due o più persone e rappresentate una scenetta tra genitori e figli. I genitori criticano i figli e viceversa. Poi fanno la pace. Usate le seguenti preposizioni con l'infinito: <u>prima di</u>, <u>piuttosto che</u>, <u>invece di</u>, <u>senza</u>, <u>tranne</u> <u>(fuorché)</u>, <u>oltre a</u>, <u>dopo</u>.

3. Due amici si ritrovano, parlano dei loro genitori e si consigliano l'un l'altro sul modo di risolvere i loro eventuali problemi.

OTTAVO DIALOGO
UN PRANZO A SORPRESA

VIII. 1

<u>Entra come un bolide</u>: entra a grandissima velocità. Il bolide

   o meteorite è un corpo celeste che, attraversando l'atmosfera

   terreste, diviene incandescente per attrito

   (Zingarelli, p. 210).

<u>Mandandogli all'aria</u>: mettendo a sossopra/in disordine/

   in confusione.

<u>Sgranando gli occhi dalla sorpresa</u>: spalancando gli occhi come

   se stessero per uscire fuori dall'orbita (Zingarelli, p. 1644).

<u>Dorme della grossa</u>: dorme come un ghiro/come un macigno/

   come un masso/profondamente.

Dal verduriere

È mattina presto. Il verduriere ha appena tirato su la saracinesca del
negozio e sta disponendo la verdura e la frutta in grandi piramidi sui banchi
davanti al negozio e in vetrina. Entra Carlo come un bolide, urtando il
verduriere e mandandogli all'aria il mucchio delle pesche.

Verduriere (appoggiandosi alla porta e respirando affannosamente):
    Piano, piano! Che è tutta questa fretta?
    Chi va piano, va sano e va lontano,
    chi va forte...

Carlo (interrompendolo impazientemente): Va alla morte.
    Senta, mi scusi, ma ho una fretta indiavolata.
    Avrei bisogno di due teste di lattuga,
    un chilo di pomodori, mezzo chilo di zucchini,
    due coste di sedano, un mazzo di rapanelli,
    due chili di melanzane, un capo d'aglio,
    dieci cipolle e...
    aspetti che guardo un momento la lista...
    (tirando fuori un foglio pieno di scribacchiature)
    Ah ecco! Mi dimenticavo le erbe aromatiche:
    prezzemolo, basilico, rosmarino,
    timo, oregano...

Verduriere (sgranando gli occhi dalla sorpresa):
    Ma insomma che succede stamattina?
    Di solito Lei a quest'ora dorme della grossa
    e Sua madre La deve buttare giù dal letto
    a viva forza, per mandarLa all'università...
    E oggi invece non solo è in piedi alle otto,
    ma addirittura fa la spesa,
    cosa che non succede da dieci anni a questa parte.
    Mi ricordo ancora quando Lei era un bambino piccolo
    e aiutava Sua madre a portare la sporta delle verdure.
    Lei era così carino, ricciutello, grassottello,
    e Sua madre Le diceva di sbrigarsi,
    di camminare più in fretta...

VIII. 2

Cogliendo la palla la balzo: cogliendo l'occasione/
    approfittando del momento giusto.

Trafelato: senza fiato, ansante per la stanchezza.

Con la lingua penzoloni: con la lingua che pende fuori,
    come i cani dopo una corsa.

L'ha pensata bella: ha avuto un'ottima idea.

Dandosi da fare: rendendosi utile, affaccendandosi.

Carlo (cogliendo la palla al balzo): A proposito di fretta,
   Le confiderò in gran segreto che sono qui
   tutto trafelato e con la lingua penzoloni,
   perché oggi è l'anniversario di matrimonio dei miei genitori
   e io, mia sorella e i miei amici
   abbiamo deciso di fare loro una sorpresa
   e di cucinare loro un pranzo sopraffino.

Verduriere (sorridendo con approvazione): Bene, bravo!
   L'ha pensata bella. Un pranzo a sorpresa.
   Adesso capisco la Sua fretta.
   (Dandosi da fare) Ecco due belle teste di lattuga,
   fresche fresche dalla campagna.
   Guardi che pomodori maturi,
   o forse li vuole ancora un po' verdi?
   E gli zucchini non sono uno splendore?
   Si vede ancora il fiore...
   I sedani se fossi in Lei, non li prenderei.
   Sono già un po' avvizziti,
   e non ne ricevo dei freschi fino a domani.
   Anche le melanzane sono troppo mature, anzi quasi marce.
   Le lasci perdere per oggi.
   Cosa ci rimane? Ah sì: cipolle, aglio, rapanelli,
   qualche fogliolina di erbe aromatiche.

Carlo (mettendo tutto in una borsa di plastica):
   Benone. Grazie. Mi occorrerebbero
   anche mezzo chilo di mele, quattro pesche mature,
   tre banane, quattro etti di susine,
   un cestino di fragole e un melone maturo.

Il verduriere pesa la frutta, la avvolge in un cartoccio e la consegna a Carlo
che la mette in un'altra borsa. Il ragazzo esce traballando per il peso della
roba.

VIII. 3

Facendosi in quattro: impegnandosi molto/applicandosi in

    ogni modo.

Rimanere al verde: rimanere totalmente sprovvisto di denaro.

    Altre espressioni sinonime sono: rimanere senza il becco

    di un quattrino/senza un centesimo in tasca.

Far colpo sugli invitati: attirare l'attenzione degli invitati

    e suscitarne l'ammirazione.

Tagliando corto alla discussione: tagliar corto = concludere

    rapidamente un discorso, finire la discussione senza indugi.

Dal macellaio

Jaqueline entra trascinando i piedi e guardandosi in giro con aria dubbiosa.

Macellaio (avvicinandosi premurosamente): Buongiorno signorina,
    in che posso servirLa?
    Guardi che scelta di carne ho oggi:
    filetto, controfiletto, girello, costata, ossobuco...

Jaqueline: Oggi cuciniamo un pranzo importante,
    per un anniversario di matrimonio.
    Voglio qualcosa di buono,
    ma non voglio passare troppo tempo a cucinare.
    Potrebbe consigliarmi Lei qualche buon piatto?

Macellaio (facendosi in quattro): Ma perché non fa un bell'arrosto?
    Lo condisce bene, lo mette in forno e lo lascia lì a cucinare,
    senza preoccuparsi di salse e salsette e tempi di cottura.
    Guardi che magnifica costata di manzo Le posso dare.

Jaqueline (esitando): Sì, sì, è bellissima, ma che prezzi però...
    Mi faccia vedere invece quel tenerume di vitello
    per fare uno spezzatino. Costa meno caro e rende di più.
    Con due carote, un po' di prezzemolo, qualche costa di sedano,
    quattro patate e un po' di vino
    faccio un piatto saporito, senza rimanere al verde.

Macellaio (guardandola con aria delusa):
    Faccia Lei, è Lei la cuoca,
    ma l'avverto che non c'è paragone
    tra uno spezzatino e un arrosto.
    E se Lei vuol far colpo sugli invitati...

Jaqueline (tagliando corto alla discussione): Avrà ragione Lei.
    Non discuto, ma con l'inflazione di questi tempi
    non mi posso permettere un arrosto per dodici persone.
    Vuol dire che lo comprerò
    quando avrò sposato un milionario...

VIII. 4

Sgobbi: sgobbare = fare un lavoro con molto impegno e
con molta fatica.

Prendersela con calma: reagire in modo calmo, starsene tranquillo.
Vedi anche le espressioni: prenderla di petto/di punta =
affrontare direttamente la situazione; prenderla in mala
parte = offendersi; prenderla in buona parte = accettare una
situazione senza offendersi; prendersela con qualcuno = sfogare
su qualcuno la propria rabbia. Vedi II. 5.

Un pranzetto luculliano: un pranzetto eccellente, degno per
quantità e qualità del gastronomo romano Lucio Licinio
Lucullo.

Dal salumiere

Luisa arriva canticchiando una canzoncina alla moda.

Salumiere (rivolgendose a lei): Cosa posso fare per Lei oggi,
    signorina Luisa?
    E la mamma dov'è?

Luisa: La mamma è a casa e per quest'oggi lavorano i figli.
    Sa, per lo meno una volta all'anno,
    per l'anniversario di matrimonio,
    le vogliamo cucinare un buon pranzetto
    senza che lei sgobbi come al solito.
    Mio padre con la scusa che aspettava una telefonata dall'estero,
    l'ha persuasa a stare a casa e a prendersela con calma.
    E poi, all'ultimo minuto,
    le faremo trovare pronto un pranzetto luculliano.
    Lo cucineremo in gran segreto a casa di Paola.
    Per favore mi dia due etti di sottaceti
    e tre etti di affettato misto:
    prosciutto, salame, mortadella e lingua.

Salumiere (dopo avere affettato i salumi
    e averli avvolti in carta oleata):
    Ecco il pacchetto pronto per Lei, signorina.
    ArrivederLa e auguri per il Suo pranzo.

Dal panettiere

Carolyne entra a braccetto di Pippo.

Carolyne (facendosi avanti): Scusi signora,
    ha dodici panini all'olio, dodici al latte,
    quattro filoni di pane, due chili di grissini...

Pippo: (interrompendo Carolyne): Un momento tesoro,
    va bene che gli italiani mangiano molto pane,
    ma qui tu compri tutta la panetteria oggi...
    tu rifornisci l'esercito.
    Inoltre sai benissimo che sia Paola, sia Luisa
    stanno facendo una cura dimagrante
    e che evitano accuratamente tutti i farinacei.

VIII. 5

<u>Strizzandole l'occhio</u>: strizzare l'occhio = ammiccare = fare

   cenni d'intesa con gli occhi.

<u>Meno male</u>: per fortuna.

<u>Parlando tra sè</u>: ragionando da solo, in silenzio, sottovoce.

Carolyne: Hai proprio ragione tu Pippo.
  Sai, quando io sono all'estero,
  perdo il senso della misura spesso
  e (continua arrossendo)
  qualche volta anche il senso dell'umorismo...

Pippo (strizzandole l'occhio): Meno male
  che però ti riprendi subito.

Dal droghiere

Paola (facendosi largo tra la folla dei clienti):
  Per favore mi dia un chilo di farina,
  un pacco di zucchero da due chili,
  una tavoletta di cioccolato,
  una bustina di chiodi di garofano e una di noce moscata.
  (Parlando tra sé). Questo mi serve
  per il dolce che farò per i Pesce.
  Visto che sono qui
  mi conviene fare anche la spesa per domani.
  (A voce alta). Per favore mi dia
  anche due conserve di pomodoro, una scatoletta di dadi di pollo
  e un barattolo di minestra di funghi.
  Grazie mille, arrivederLa.

Dal lattaio

Carlo (tergendosi il sudore e sbuffando):
  Vediamo un po' che cosa devo comprare
  per il dolce di Paola:
  un litro di latte, una dozzina d'uova di grado A,
  un panetto di burro, mezzo litro di panna.
  Chissà come porterò tutto a casa. Sono carico come un asino.
  Speriamo poi che il pranzetto vada bene
  e che la roba non bruci. Beh, meno male
  che questo sforzo lo faccio una volta all'anno
  e che poi ho tutto in tempo di riposarmi
  fino al prossimo anniversario di matrimonio...

Nomenclatura

<u>Nel negozio di frutta e verdura</u>: cavolo (cabbage), cavolfiore (cauliflower), cavoletto di Bruxelles (Brussels sprouts), rapa (turnip), rapanello (radish), barbabietola (beet-root), fagiolo (kidney bean), fava (broad bean), fagiolino (French bean), carciofo (artichoke), lattuga (lettuce), indivia (endive), cicoria (chicory), finocchio (fennel), spinaci (spinach), pomodoro (tomato), sedano (celery), carota (carrot), porro (leek), cipollina (spring onion), aglio (garlic).

Mela (apple), arancia (orange), susina (plum), albicocca (apricot), fragola (strawberry), ciliegia (cherry), banana, uva (grapes), ananas (pineapple), pompelmo (grapefruit), melone (melon), anguria (watermelon), lampone (raspberry), mirtillo (blueberry), noce (walnut), nocciola (hazelnut), castagna (chestnut), pesca (peach), limone (lemon).

Verdura: fresca (fresh), secca/vizza (wilted), vecchia (old).

Frutta: acerba (green), matura (ripe), marcia (rotten), bacata (wormy), dolce (sweet), aspra (sour), tenera (tender), dura (hard), succosa (juicy), secca (dried).

<u>In macelleria</u>: **Bue** (beef) - filetto (fillet), girello (rump), tenerume (chuck), costata (rib), punta di petto (brisket), ossobuco (marrow-bone).
Agnello (lamb) - spalla (shoulder), cosciotto (leg of lamb), quadrello (ribs), sella (loin), petto (breast).
Maiale (pork) - zampetti (hocks), guanciale (jowl), prosciutto (ham), pancetta (bacon), coppa (cut of meat behind the neck).

Carne fresca (fresh), guasta (rancid), bianca (white), rossa (red), soda (firm), floscia/frolla (tender), dura/coriacea (tough).

Carne cucinata al forno (in the oven), allo spiedo (on the spit), in umido (stewed), fritta (fried), alla griglia (grilled).

Carne tritata (minced meat), polpette (meatballs, hamburgers), scaloppine (escalopes), cotolette (cutlets), bistecche (steaks), stufato (stew), brasato (carne di bue cotta a fuoco lento, in teglia chiusa con vari aromi e poca acqua), spezzatino (vivanda di carne a pezzetti, rosolata in tegame, poi cotta a fuoco lento con pomodori e verdure varie).

In drogheria: farina (flour), zucchero (sugar), biscotti (biscuits), caffè (coffee), tè (tea), cacao (cocoa), pepe (pepper), spezie (spices), cannella (cinnamon), chiodi di garofano (cloves), zafferano (saffron), noce moscata (nutmeg), zenzero (ginger).

In panetteria: panini, bocconcini, rosette (rolls, buns), sfilatini (French bread), grissini (bread sticks).

Pane fresco (fresh), secco/raffermo/stantio (stale), ben cotto, mal cotto (well or badly baked), soffice (soft), croccante (crisp), bianco (white), nero (black), fatto a mano (hand made), fatto a macchina (machine made), pane all'olio (made with oil), pane al latte (made with milk), pane di segale (rye bread), pane integrale (whole wheat bread), pane di granturco (corn bread), pan d'orzo (barley bread), pane di semola (bran bread).

In latteria: **Latte** pastorizzato (pasteurized), omogenizzato (homogenized), scremato (skimmed), cremoso (creamy), fresco (fresh), annacquato (watered down), cagliato (curdled), acido (sour).

Panna (cream), burro (butter), yogurt.

Formaggio grasso (high butter fat), magro (low butter fat), duro (hard), molle (soft), fresco (fresh), stagionato (ripe), da grattugiare (for grating), dolce (mild), piccante (sharp/strong), vecchio (old), ammuffito (musty).

Uova fresche (fresh), guaste (bad), marce (rotten).

Esercizi

1. Mettetevi in gruppi di tre: uno fa la spesa, l'altro fa il commesso di negozio, e il terzo suggerisce le parole date nella nomenclatura e introduce ogni battuta descrivendo il tono usato dall'interlocutore e le sue azioni (possibilmente col gerundio). Es.: Paolo arriva correndo... il commesso gli risponde arrabbiandosi... Quello che fa la spesa discute in dettaglio la qualità della merce col commesso, spiega che tipo di cibo vuol preparare, si fa dare dei consigli, magari si arrabbia perché trova tutto brutto e caro.

Verbi da usare per introdurre le battute: parlare, dire, interrompere, rispondere, esclamare, domandare, gridare, urlare, osservare, aggiungere, obiettare, sussurrare, mormorare, sospirare, tuonare, balbettare, brontolare, bofonchiare.

2. Riassumete il contenuto del dialogo.

3. Siete invitati a un pranzo a cui ciascuno deve contribuire con un piatto

   speciale. Descrivete il piatto che avete preparato.

NONO DIALOGO
QUATTRO CHIACCHIERE TRA AMICHE

La pioggia viene giù a catinelle: diluvia/la pioggia viene giù
    molto forte. C'è anche il proverbio che dice: "Cielo a
    pecorelle (a nuvole piccole e fitte), acqua a catinelle."

Intontita: in uno stato di stanchezza, di stupore.

Schiacciare un pisolino: fare un sonnellino, dormire per un
    periodo breve (modo di dire scherzoso).

Un tempaccio da lupi: un tempo burrascoso/freddo/molto brutto.

Partecipazione di matrimonio: la partecipazione è un biglietto con
    cui si è soliti comunicare, a parenti ed amici, matrimoni, nascite
    battesimi, e sim. (Zingarelli, p. 1222)

Andare per la maggiore: (di una persona) venire considerato una
    persona di successo nell'ambiente in cui uno vive, o nell'attività
    che uno compie; (di una cosa) essere molto alla moda e ricercata
    da tutti.

È stato un bel salasso per la borsa dei poveri genitori: i genitori
    hanno dovuto pagare (sborsare) molto denaro. Il salasso è un
    intervento con cui si toglie all'organismo una certa quantità
    di sangue. Qui l'espressione è usata in senso figurato e all'idea
    del sangue si sostituisce quella del denaro.

Piccarsi: presumere, insistere con puntiglio.

Arredamento: studio della disposizione di mobili e arredi in
    abitazioni, uffici, negozi e sim. (Zingarelli, p. 119)

Mercato delle pulci: mercato di roba vecchia e di occasione.

Lampadari di Murano: chandeliers from the famous glass factory on
    the Venetian island of Murano.

Mensole di legno intarsiato: carved wooden console tables.

Specchiere del settecento veneziano: large eighteenth century Venetian
    wall mirrors.

Sono le tre del pomeriggio. Il tempo è afoso, ci sono lampi e fulmini, e la pioggia viene giù a catinelle. Suona il telefono in casa Bolla con un suono acuto e insistente. Al decimo squillo si sente sbattere la porta della camera da letto, e arriva in vestaglia Emilia Bolla, con aria assonnata e infastidita.

Emilia (sbadigliando): Pronto, chi parla?

Sandra: Sono io, Sandra. Come stai cara?

Emilia: Veramente sono ancora un po' intontita dal sonno.
   Stavo schiacciando un pisolino
   quando m'ha svegliato la tua telefonata.
   Stavo facendo un sogno bellissimo:
   mio marito mi aveva appena regalato
   la pelliccia di visone bianco
   (sai, quella che abbiamo visto ieri da Angelini)
   ed eravamo sul punto di partire
   per una lunga crociera nel Mediterraneo.

Sandra: Scusami tanto se ti ho svegliato.
   Sono doppiamente spiacente di avere interrotto il tuo bel sogno,
   visto che il tempo è così tempestoso e deprimente
   da una settimana a questa parte.
   Insomma un tempaccio da lupi.
   Ti ho telefonato per sapere
   che regalo di nozze farai alla Laura Bertocchi.

Emilia: (svegliandosi completamente a sentire quel nome):
   Hai ricevuto anche tu la partecipazione di matrimonio?
   Sapessi che casa meravigliosa
   si fa metter su la Laura dai genitori.
   Colla scusa che sposa un architetto che va per la maggiore
   si è fatta comprare una villetta proprio nel centro della città,
   con tanto di giardino e di piscina sul retro,
   e con garage doppio.
   Dice che abitare in una bella casa moderna
   servirà a favorire la carriera del marito
   e a procurargli tanti clienti.
   Non metto in dubbio
   che la casa gioverà agli affari del marito
   ma intanto è stato un bel salasso
   per la borsa dei poveri genitori...
   Ma non finisce qui la storia.
   Siccome la Laura si picca di essere esperta di arredamento,
   non va certo al mercato delle pulci a scegliersi i mobili.
   Nell'anticamera, molto spaziosa, vuole tappeti persiani,
   lampadari di Murano, mensole di legno intarsiato
   e specchiere del settecento veneziano.

<u>Letto a baldacchino</u>: canopy bed.

<u>Cassettoni</u>: chests of drawers.

<u>Comodini</u>: night tables

<u>Toeletta</u>: dressing-table.

<u>Più che un cigno sembra un brutto anatroccolo</u>: riferimento
  scherzoso alla novella di Hans Christian Andersen "Il brutto
  anatroccolo", in cui un anatroccolo diventa un cigno.

<u>Non badare a spese</u>: spendere senza ritegno, senza limitazione.

<u>Avere le mani bucate</u>: spendere il denaro senza mai metterlo da
  parte, lasciarselo sfuggire dalle mani.

<u>I lavelli... di acciaio smaltato</u>: the sinks, the ovens combined
  with vitreous-china hobs, the washing and dish-washing machines
  are installed in base units and columns made of enameled
  stainless steel.

<u>Un divano svedese... fodere lavabili</u>: a Swedish couch, with
  steel springs and wooden frame covered with polyurethane.
  The upholstery is removable and washable.

<u>Due poltrone in faggio... e canapa intrecciata</u>: two armchairs in
  natural bent beechwood and strips of hemp.

<u>Una sedia a sdraio... di cotone lavabile</u>: a deck chair with a
  natural mahogany frame, and with the support and padding
  covers removable and made of washable cotton.

<u>Un sistema di pannelli scorrevoli in vetro</u>: a system of sliding
  glass panels.

<u>Un tavolo danese... di faggio essiccato</u>: a square Danish table
  of dried solid beechwood.

<u>Sedie... in multistrato curvato</u>: chairs with chromed steel legs
  and a bent multilayer plywood seat.

<u>Armadio</u>: wardrobe.

<u>Credenza</u>: cupboard.

<u>Armadio a muro</u>: wall-closet.

<u>Cabina armadio</u>: walk-in closet.

Per la camera da letto ha scelto
un letto a baldacchino del settecento con cassettoni, comodini,
poltroncine e toeletta dell'epoca.
Pare poi che la principessa abbia una pelle così delicata
che voglia solo lenzuola di lino finissimo
e cuscini e materassi imbottiti di piume d'oca e di cigno.

Sandra: Già, e dire che più che un cigno
    sembra un brutto anatroccolo...
Certo che i Bertocchi non hanno badato a spese
per la casa della figlia,
e, come ben sai, hanno sempre avuto le mani bucate.
Ho sentito dire che la Laura per la cucina
ha voluto un disegno ultramoderno.
I lavelli, i forni abbinati a piani di cottura di vetroceramica,
il lavastoviglie e il lavabiancheria
sono tutti incassati entro piani di lavoro
e colonne di acciaio smaltate,
in modo da utilizzare al massimo lo spazio disponibile.
Per il soggiorno ha scelto un divano svedese con molle di acciaio
e struttura in legno rivestita di poliuretano,
sfoderabile e lavabile.
Per complementare il divano ha voluto
due poltrone in faggio naturale curvato
e canapa intrecciata,
e una sedia a sdraio ultimissimo modello,
con la struttura di mogano naturale
e telo di supporto e coprimbottitura sfilabile.
La camera da pranzo,
che è separata dal soggiorno
da un sistema di pannelli scorrevoli in vetro,
ha una meravigliosa finestra panoramica
che dà sulla piscina.
Anche qui l'arredamento è molto moderno,
con un tavolo danese, quadrato,
in massello di faggio essiccato,
e delle sedie con gambe in acciaio cromato
e sedile in multistrato curvato.
Naturalmente la Laura ha rinunciato agli armadi
e alle credenze che si usavano una volta
e ha fatto costruire dappertutto
armadi a muro e cabine armadio.

Lettini a castello: bunk beds.

Seggiolone a dondolo: rocking chair.

Scaffalature: shelvings.

Una scrivania in mogano del primo ottocento: a mahogany writing
   desk of the beginning of the nineteenth century.

La vasca speciale per l'idromassaggio: the whirlpool bath.

Le bocchette laterali: the spouts at the side.

Getti d'acqua: water spurts.

Servizio di posate in acciaio inossidabile: a set of stainless
   steel cutlery.

Formaggiera: recipiente da tavola che contiene formaggio
   grattugiato.

Oliera: arnese da tavola che contiene le ampolle dell'olio
   e dell'aceto.

Emilia: La Laura è così previdente
   che ha già fatto costruire la camera dei bambini,
   con due lettini a castello di legno verniciato,
   un seggiolone a dondolo e il pavimento in ceramica.
   Da ultimo vogliono arredare lo studio.
   Hanno già fatto costruire le scaffalature per i libri,
   e lui si è già scelto una scrivania in mogano
   del primo ottocento inglese,
   con tanti cassetti e cassettini dove mettere le sue carte.
   Lei poi gli ha comprato una comodissima poltrona in pelle,
   dove lui potrà schiacciare degli ottimi pisolini.
   Ah! Dimenticavo il bagno
   con la vasca speciale per l'idromassaggio.
   Figurati che ci si siede in un bagno circolare
   e poi dalle bocchette laterali,
   ti arrivano dei getti d'acqua che ti massaggiano collo,
   schiena, gambe e piedi.
   C'è un sistema speciale di miscelazione dei getti d'acqua
   con varie quantità d'aria,
   che creano delle correnti più o meno forti
   che ti carezzano e tonificano il corpo.

Sandra: Mamma mia, parli come quella signora
   che fa la pubblicità alla televisione!

Emilia (continuando imperterrita):
   Il pavimento in ceramica
   e le tende tessute a mano in corda di canapa
   armonizzano naturalmente con i colori dell'insieme.

Sandra: Insomma a questa coppia felice
   che ha proprio tutto,
   cosa possiamo offrire noi,
   umili mortali?

Emilia: Io ho pensato di offrire loro
   un bel servizio di posate in acciaio inossidabile,
   che sarà loro molto utile.

Sandra: Ne avranno già mille di simili servizi, tra acciaio e argento.
   Fammi ridere.
   Io piuttosto pensavo di mandare
   una bella formaggiera di cristallo e un'oliera d'argento.

Emilia: E pensi che sarai tu l'unica
   a mandare quel tipo di regalo?
   Ma fammi il piacere.

<u>Non sapere che pesci prendere</u>: non sapere come comportarsi per
  risolvere un problema.

<u>Stare a scaldare i banchi</u>: non concludere niente a scuola/non
  trarre alcun profitto dall'insegnamento.

<u>Aver paura della propria ombra</u>: aver paura di un nonnulla, come i
  cavalli che hanno paura della loro ombra.

<u>Cambiare da così a così</u>: cambiare completamente/essere l'opposto
  di quello che si era prima.

<u>Notte fonda</u>: la parte centrale e più buia della notte.

<u>Avere i nervi a posto</u>: essere equilibrato, normale.
    "Avere i nervi scoperti, a fior di pelle" = essere in stato
    di grande nervosismo.
    "Avere i nervi saldi" = essere coraggiosi e non lasciarsi
    intimidire facilmente.
    "Urtare, dare ai nervi a qualcuno" = dare noia a qualcuno,
    infastidirlo.

<u>Tutto sommato</u>: tutto considerato/tutto calcolato.

<u>Darsi a qualcosa</u>: dedicarsi a qualche attività.

<u>Farsi gli affari propri</u>: occuparsi solo di sé stessi, senza
  badare agli altri.

<u>Lavarsi le mani di qualcosa</u>: lasciare che altri decidano di una
  questione e ne assumano la responsabilità (come fece
  Ponzio Pilato, che si lavò le mani nel caso della condanna
  di Gesù Cristo e si dichiarò innocente del suo sangue).

Sandra: Peggio per loro se non apprezzano i nostri regali.
  Tanto per cambiare argomento di conversazione,
  lo sai che è successo a Paolo,
  il figlio quindicenne della mia amica Giacomina?
  Quello spilungone che non sapeva mai che pesci prendere,
  che stava in classe solo a scaldare i banchi,
  che aveva paura della propria ombra?
  Ebbene da un giorno all'altro è cambiato da così a così.
  Ha deciso di unirsi a un circo ambulante
  e di diventare trapezista
  e ogni mattina sale sul tetto di casa e fa ginnastica lì,
  fino a notte fonda, per abituarsi alle altezze.
  Per scendere dal tetto scivola giù per le grondaie
  o salta dalla ringhiera dei balconi.

Emilia: Dio mio, chissà che spavento per i genitori!

Sandra: Io a suo tempo avevo detto a Giacomina
  di portar Paolo dal medico
  per vedere se aveva i nervi a posto.
  Questa mattina poi le ho telefonato
  per vedere cos'era successo
  e lei mi ha detto che i consigli del dottore
  non le erano piaciuti,
  che tutto sommato suo figlio aveva ragione
  a voler evadere dalla vita noiosa di tutti i giorni.
  Ha concluso dicendo che anche lei
  si sarebbe data alla vita del circo,
  facendo la domatrice di tigri.

Emilia (sbalordita): E il marito di questa famiglia
  strampalata che ne pensa?

Sandra: Ma quello è un tipo strano,
  che crede molto nella mistica orientale,
  e si ritira spesso nella meditazione.
  Lui si fa gli affari suoi
  e si lava le mani del comportamento della sua famiglia.

<u>Scapolone impenitente</u> (espressione scherzosa): uomo anziano

rimasto scapolo e ben deciso a non sposarsi.

<u>Coppia fissa</u>: l'espressione scherzosa si riferisce sia al

fatto che si parla di una "coppia di sposi", sia al fatto

che due ballerini che ballano sempre insieme, o due

giocatori che giocano sempre insieme "fanno coppia fissa."

<u>Combinarne di cotte e di crude</u>: farne di tutti i colori/compiere

diverse azioni spesso considerate riprovevoli.

Emilia: Che situazione balorda!
    A questo proposito anch'io ne ho una bella da raccontarti.
    Ti ricordi il mio amico d'infanzia, Luigi,
    quello scapolone impenitente?
    Ebbene dopo tanti anni di vita solitaria,
    tranquilla, pressocché monastica,
    a cinquant'anni ha fatto il gran passo,
    si è buttato e ha sposato una ragazzina di diciotto anni
    che si era invaghita di lui.
    Come se ciò non bastasse,
    dopo quattro mesi i due si sono divorziati
    perché lei amava la vita quieta e ritirata,
    e lui aveva scoperto la musica disco
    e voleva andare a ballare tutte le sere.

Sandra: Ma cosa mi racconti!

Emilia: Aspetta, la storia non finisce qui.
    Appunto in una di queste discoteche
    Luigi ha incontrato una sessantenne,
    che, anche lei, aveva scopeto le delizie del ballo
    e ha cominciato a corteggiarla.
    In conclusione i due hanno deciso di sposarsi,
    di fare coppia fissa,
    e di mettere insieme i loro mobili
    e la loro vasta collezione di dischi.
    Che ne dici di questa storia incredibile?

Sandra: Non mi stupisce affatto.
    Si vede che la gente ne combina di cotte e di crude a tutte le età.

Nomenclatura

<u>Per la cucina</u> (for the kitchen): cucina a gas, a elettricità, a legna (gas/electric cooker; wood stove); fornello (small stove); forno (oven); girarrosto (rotisserie); graticola (grill); acquaio/lavello (sink); tagliere (cutting board); piano di lavoro (base unit); pentola (large, tall cooking pot); casseruola (medium sized saucepan); padella (frying pan); caffettiera (coffeepot, coffee machine); scodella (deep bowl), colapasta (colander); colino da tè (tea strainer); setaccio (sifter); stampo da dolci (cake pan); apriscatole (can opener); frullino (egg beater); schiaccianoci (nutcracker); grattugia (grater); matterello (rolling pin); cavatappi (corkscrew); apribottiglie (bottle opener); credenza (cupboard); sportello (door); ripiano (shelf); posate (cutlery); coltello (knife); cucchiaio (spoon); forchetta (fork); posate per l'insalata (salad utensils); mestolo (ladle); paletta da gelato (ice cream spoon); pala da dolce (cake server).

<u>Elettrodomestici</u> (household electric appliances): frigorifero (fridge); congelatore (freezer); lavatrice/lavabiancheria (washer); lavastoviglie (dishwasher); macinacaffè (coffee grinder); tritacarne (meat grinder); spremiagrumi (orange squeezer); tostapane (toaster); frullatore (blender); ferro da stiro (iron).

Per la camera da letto (for the bedroom): letto (bed); spalliera (head or foot of a bed); molle (springs); materasso (mattress); cuscino (pillow); federa (pillow case); lenzuolo (sheet); coperta (blanket); trapunta (quilt); piumino (eiderdown); cassettone (chest of drawers); comodino (night table); toeletta (dressing-table); armadio (wardrobe); armadio a muro (wall closet); cabina armadio (walk-in closet); specchiera (wall mirror); mensola (console table).

Per il salotto/soggiorno (for the sitting room): divano/sofà (couch); divano letto (chesterfield); poltrona (arm chair); sedia (chair); sedia a dondolo (rocking chair); sgabello (stool); panchetta (bench).

Per la camera da pranzo (for the dining room); tavolo (table); sedia (chair); vasellame (dishes); piatto (plate); piatto fondo (soup plate); piatto da portata (large plate); piattino per la frutta (dessert plate); tazza da brodo (bowl for the broth); tazza da tè, da caffè (tea, coffee cup); insalatiera (salad bowl); fruttiera (fruit bowl); formaggiera (container of grated cheese); vassoio (tray); zuppiera (soup bowl); saliera (salt dish); oliera (cruet-stand); ampolline per l'olio e l'aceto (small jugs for oil and vinegar); zuccheriera (sugar bowl); lattiera (milk jug); teiera (tea pot); caffettiera (coffee pot); bicchiere da acqua, da vino, da liquore, da birra (water, wine, liquor, beer glass); caraffa (water jug).

Per lo studio (for the study): libreria (bookcase); scaffale (shelf); scrivania (writing desk); macchina da scrivere (typewriter).

Per il bagno (for the bathroom): vasca da bagno (bathtub); lavandino (wash

 basin); rubinetto (tap); doccia (shower); gabinetto (water-closet);

 scaldabagno (water heater); portasapone (soap dish); portasciugamani

 (towel bars).

Esercizi

1. Riassumete il contenuto del dialogo.

2. Dividetevi in gruppi di due. Uno dei due sta per sposarsi; l'altro
   è un amico/un parente, che lo aiuta a compilare la lista dei regali
   per il matrimonio, da depositare presso un grande magazzino. Alla
   fine dell'esercizio ognuno dei gruppi leggerà ad alta voce la lista
   compilata.

3. Una signora/un signore molto esigente vanno a comprare mobili e vasellame
   per la casa in un grande magazzino, e fanno disperare i commessi con le
   loro richieste di oggetti fatti in modo speciale.

4. Un architetto con molto estro e con enorme fantasia discute i piani di
   una villa con un suo cliente milionario. Il cliente ha buonsenso, ma
   l'architetto lo persuade a tentare cose nuove e insolite.

5. Un'arredatrice/un arredatore che amano le cose ultramoderne persuadono
   un cliente a disfarsi dei suoi mobili antichi e a modificare tutta la
   casa.

6. Dividetevi in gruppi di due. Ogni gruppo scrive una letterina a Donna
   Letizia (Dear Abby) su problemi di cuore, di famiglia ecc... I gruppi si
   scambiano le letterine e ogni gruppo risponde alla lettera ricevuta.
   Alla fine vengono lette le lettere e le risposte.